CARLOS F. TEDESCO

ASCENSORES ELECTRÓNICOS Y VARIADORES DE VELOCIDAD

2010

LIBRERÍA Y EDITORIAL ALSINA
Paraná 137 – (C1017AAC) Buenos Aires
Telefax: (54) (011) 4371-9309 / (54) (011) 4373-2942
info@lealsina.com www.lealsina.com
ARGENTINA

Tedesco, Carlos F.

Ascensores electrónicos y variadores de velocidad. - 1a ed. - Buenos Aires : Librería y Editorial Alsina, 2010.

204 p. ; 23x16 cm.

ISBN 978-950-553-186-8

1. Electrónica. 2. Ascensores. I. Título
CDD 621.877

Fecha de catalogación: 03/09/2010

El autor agradece a la Srta Agustina Cántaro de Siemens de Argentina, la gestión por haber importado desde Siemens de Berlín -Alemania, la imagen del Sinamics, motivo de tapa de esta obra.

Hecho el depósito que marca la Ley en la Dirección Nacional del Derecho de Autor, bajo el nº 842.933 .

© copyright by Carlos F. Tedesco.

Diseño de tapa y diagramación: PXurban.com.ar

Los textos e ilustraciones de ésta obra, fueron autorizadas bajo firma digital, agradeciendo el autor el consentimiento prestado.

NOTA IMPORTANTE.

Las indicaciones técnicas han sido elaboradas por el autor y reproducidas bajo estrictas normas de control.

Por lo que el autor no será jurídicamente responsable por errores u omisiones, daños o perjuicios que se pudieran atribuir al uso de la información de este libro, ni por la utilización indebida que pudiera dársele.

2010 Año del Bicentenario de la Patria.

Contenido

PREFACIO

Este libro que trata de ascensores electrónicos y variadores de velocidad, tiene como finalidad absoluta ofrecer al lector la posibilidad de entrar en el conocimiento del maravilloso mundo de los ascensores con controladores electrónicos de tecnología de última generación, por la cual el desarrollo técnico adquirido por la mayoría de los fabricantes de nuestro país, lidera y exporta ésta tecnología a la mayoría de los países del MERCOSUR y el resto de América Latina.

En el campo superior, el variador ó drive de velocidad por voltaje y frecuencia (VVVF), de la cual todavía no se obtiene hasta el presente, un espectro medio de conocimiento acorde y comprensible, ya que el mismo ha sido desarrollado por físicos matemáticos en las cumbres de la investigación mundial, es expuesto aquí con toda seriedad y contando con la colaboración de doctores en física y empresas fabricantes a nivel global de estos equipos, junto con la introducción del autor, para suavizar el alto lenguaje académico, ya que la tesis de varios comportamientos de su funcionamiento, fueron traducidos al castellano, por la cual y después de tantas noches viendo el amanecer, he conseguido hacer realidad este libro, (una de las pocas obras en el mundo) junto con el apoyo de mi Familia.

Me obliga personalmente, una mención especial para el SR Horacio Kamiñestky.

Parte de este libro fue pensado y escrito en mi apreciada, Ciudad de Mar del Plata. Buenos Aires - Argentina.

Dedicado a la memoria de mi Madre y a mi nieta Titi, de cual amo.

Carlos Francisco Tedesco

Primera parte

ASCENSORES ELECTRÓNICOS.

El ascensor electrónico ha sido desarrollado para optimizar los tiempos de viaje, brindar seguridad y confort de funcionamiento, minimizando costos operativos ya que tiene un bajo índice de eventos por fallos y no lleva el controlador, mano de obra por mantenimiento.

Cabe destacar que una placa controladora de ascensor, debe de tener precisos cuidados a la hora de realizar una instalación nueva o modernización.

Lo primero que debemos tener en cuenta que un ascensor electrónico trabaja con voltajes mínimos que van desde los 3-5- 12 y 24 volts, dentro de su placa.

Es entonces que las variables que ofrece un buen funcionamiento posterior a su instalación, mucho dependerá de ello.

Para comenzar, es imprescindible la colocación de una jabalina, que esté conectada al gabinete metálico del controlador y que de allí se tomen las derivaciones señaladas por el fabricante, mediante la bornera respectiva.

En lo que respecta a las conexiones de entradas y salidas al controlador, sus conductores deben estar separados, clasificando el orden de tensión de cada uno y separando por los conductos o cañerías lo que corresponde a llamadas, señal de inductor, iluminación y fuerza motriz.

Porque decimos fuerza motriz, los motores de operadores de puertas exteriores tienen una alimentación de 380 volts, así tenga una interfaz posterior con un variador para el motor de puertas automáticas.

Como se imaginará el lector, que desea optar por modernizar un ascensor utilizando los mismos conductos de cañería existente en donde para salir desde el control de maniobras y llegar a caja centro, deben pasar cables de alta como los 380 volts, cables de iluminación de 220 volts, cables del inductor que deben brindar señales muy precisas al controlador, cables de llamadas de cabina y cables de señalización con señales portadoras muy débiles, cual será el resultado final cuando el equipo comience a ser interconectado.

Pues habrá un funcionamiento errático con respecto a las lecturas como ser un indicador digital de posición, sistemas de voz en off, señalización y posicionamiento, gongs y demás defectos de funcionamiento que se producirá por ruidos generados desde la entrada de los conductores con mayor tensión, y que se introducirán a los conductores con tensión menor.

Todo esto, sumado a que no se ha optado por la colocación de la jabalina, repercutirá seguramente en un mal funcionamiento del ascensor, con diversos e interminables problemas generales y que se acrecentarán cuando ese ascensor sea habilitado a uso público.

Un controlador electrónico bien instalado, no puede ni debe tener ningún tipo de mal funcionamiento, ya que cada etapa está conformada por circuitos integrados y memorias pre-grabadas para todas las funciones que se especificaron con anterioridad a su fabricación.

Estos errores de instalación no eran apreciados anteriormente en la tecnología electromecánica, puesto que en el comando general del equipo sólo había tensiones superiores a los 110 volts en corriente alterna o continua, mientras que las señales de marcha y parada se realizaba por selectores electromecánicos.

Siempre es aconsejable para el sistema de señalización de un ascensor electrónico, que la misma se haga a través de cable del tipo coaxil ó enmallado, ya que la malla que envuelve al cable de señal, lo protege de ruidos eléctricos y corrientes espurias que pueden alterar este componente delicado que solo lleva señal generada por la placa, y que cuya graficación final sería de dar pisos equivocados y/o manifestar mensajes erróneos de fallas inexistentes que confundirán al técnico y usuario.

Vemos en la figura nº1 (Gentileza JYE) un tablero electrónico con placa de seguridad y controlador para maniobra automática selectiva colectiva descendente, y un variador de velocidad que controla a un motor trifásico de 7 HP a lazo abierto. Variador Gentileza Elinsur S.A

Nótese en la parte centro superior de la tecno-foto, la resistencia de frenado.

Diferentes funciones de un controlador.

Función Manual

La función manual permite al instalador maniobrar la cabina libremente por medio de pulsadores. La cabina estará en movimiento mientras se mantenga pulsado el correspondiente botón.

Toda maniobra que se realice en modo manual se llevará a cabo en baja velocidad, para el caso de máquinas de dos velocidades.

Cuando el sistema opera en modo manual no se tienen en cuenta ninguna de las pantallas ubicadas en el pasadizo pero si el estado de las líneas de seguridad, por lo cual el operador deberá prestar especial atención cuando maniobre en las cercanías de los extremos. En otras palabras el control electrónico solo se limitará a encender y/o apagar el motor en función del estado de los pulsadores.

Para activar el modo de operación manual deberá colocarse a la correspondiente entrada de funciones especiales. Cuando el sistema entra en modo manual, si está realizando una maniobra, finaliza primero con ésta y luego responde al los mandos manuales. El display mostrará el correspondiente mensaje de operación.

Cuando se desee terminar con la operación en modo manual bastará con eliminar la conexión a +24 Volts de la bornera de funciones especiales. Toda vez que se pase de funcionamiento manual a automático el sistema buscará posicionar la cabina en planta baja con las puertas abiertas, en caso de que éstas fuesen automáticas.

Si el sistema dispone de puertas automáticas, las mismas pueden operarse con los comandos de abrir puerta y cerrar puerta que existan en la cabina. El operador de puertas se mantendrá activo mientras se mantenga presionado uno de los botones correspondientes, esto significa que para abrir o cerrar la puerta totalmente deberá presionarse el botón correcto hasta que termine la correspondiente maniobra.

Cabe señalar que cuando se enciende el sistema, éste inspecciona el estado del borne Manual por lo que en caso de estar activo no se realizará el posicionamiento automático de la cabina en planta baja.

Función de Servicio Independiente.

La función de operación en modo Independiente permite eliminar las llamadas procedentes de los pulsadores de piso y atender únicamente aquellas que provengan de cabina. Normalmente esta función se emplea en conjunto con la función Bomberos.

Para activar este modo especial de operación, deberá colocarse el borne Independiente de las borneras de funciones especiales. Este modo puede activarse en cualquier momento recordando que el mismo no presenta ningún código de operación sobre el display.

Para desactivar el modo de operación independiente bastará con desconectar el correspondiente comando en la botonera.

Normalización.

La función normalización, a diferencia de las anteriores no puede activarse / desactivarse a través de un borne. Esta función permite posicionar la cabina en uno de los extremos y la misma se ejecuta cada vez que se enciende el equipo en modo automático, cada vez que se desactiva el modo de operación Manual y cuando se activa la función Bomberos.

Mientras se ejecuta la función de normalización, el display muestra el código de operación correspondiente.

Para normalizar, el sistema monitorea la línea extrema de descenso, mientras desciende con el motor en alta velocidad, hasta que encuentra la correspondiente pantalla, en ese momento conmuta el motor a baja velocidad y comienza a monitorear la línea posicional hasta que encuentra la correspondiente pantalla de detención. Allí estaciona la cabina.

Códigos de fallos ó eventos generado por la placa controladora.

Seguridad Manual.

La línea de seguridad manual se monitorea antes de encender el motor para verificar el estado de las puertas manuales de cabina.

Si la línea no se repone pasados 10 segundos se conecta el relé de alarma y se queda a la espera de que se supere el problema. El display indica en forma intermitente el piso donde se encuentra la cabina.

Durante el desarrollo de una maniobra, o sea con la cabina en movimiento, también se monitorea el estado de la línea de seguridad manual. Mientras ésta se mantenga activa la maniobra continuará normalmente. En caso que esta línea se corte, el sistema procederá a detener inmediatamente la cabina en el lugar en que se encuentre y conectará el relé de alarma. A partir de ese momento el controlador espera hasta que se le reponga la seguridad para continuar con la maniobra.

Cuando se repone la seguridad el sistema pone en marcha el motor en la misma velocidad a la que estaba funcionando al momento de producirse la falla. Importante : recordar que la línea de seguridad manual está activa cuando sobre el borne definido de la placa controladora, y exista una tensión positiva definida respecto de masa. En estas condiciones el led indicador correspondiente se encontrará encendido.

Fallos originadas por falta de seguridad automática.

La línea de seguridad automática se monitorea antes de encender el motor para verificar que el patín retráctil está operando correctamente, en el caso de sistemas con puertas manuales o para determinar cuando se ha cerrado completamente la puerta automática en caso de que el sistema contemple su utilización. En caso de verificarse un mal funcionamiento originado por el sistema de puertas, se anulará la maniobra quedando el sistema al la espera de una nueva orden que le permita intentar reponerse de la falla, la cual es indicada sobre el display por el código de falla correspondiente. Si la falla persiste el sistema no podrá recuperarse y continuará con la indicación de mal funcionamiento.

Cuando la cabina se encuentra en movimiento también se hace un monitoreo de la línea de seguridad automática, mientras ésta se mantenga activa la maniobra seguirá en forma normal, si ocurriese algún desperfecto que anulase la seguridad automática el sistema continuará la maniobra ,en caso de que la falla lo permita, hasta alcanzar el siguiente piso en la dirección en que se encuentre viajando, donde se detendrá, anulará todas las llamadas pendientes e indicará sobre el display el correspondiente código de falla.

Una nueva llamada hará que el sistema verifique el estado de las líneas de seguridad y en caso de estar todo correcto, atienda dicha llamada eliminando el mensaje de falla. Si el grado del problema es tal que el sistema controlador no logra posicionar la cabina en el piso siguiente, el mismo se bloquea totalmente debiendo reiniciarse o pasarse a operación manual.

Importante : recordar que la línea de seguridad automática está activa cuando sobre el borne definido de la placa controladora y exista una tensión de 24 Volts positivos respecto de masa. En estas condiciones el led indicador correspondiente se encontrará encendido.

Fallos originadas por el sistema de Pantallas y/o de imanes

El sistema de pantallas es monitoreado permanentemente cada vez que se ejecuta una maniobra. Este monitoreo se lleva a cabo por medio de dos métodos diferentes; por un lado se dispone de tiempos máximos para la detección de las pantallas, vencido este tiempo se genera un código de falla y se detiene inmediatamente el motor. Esto detecta mayormente, mal funcionamiento de los sensores de pantallas y protege el motor ante eventuales atascamientos de la cabina.

Además de la verificación de estos tiempos máximos, se procede a detectar la superposición entre las pantallas de detención sobre las líneas bajar y subir, esto asegura la autenticidad de la pantalla detectada. La detección de una pantalla incorrecta produce que el controlador suspenda inmediatamente la maniobra .

Las fallas originadas por el sistema de pantallas, cuando se exceden los tiempos máximos, serán irrecuperables, por lo cual deberá reiniciarse el controlador luego de subsanar el problema.

Cuando ocurre este tipo de fallas es posible pasar el sistema a operación manual y mover la cabina hasta un lugar seguro.

Las fallas originadas por la falta de pantallas, siempre que no se excedan los tiempos máximos, no producen la caída del sistema controlador sino que anulan la maniobra en curso. Este tipo de fallas tiene por finalidad que el sistema no pierda la sincronización con el sistema de pantallas.

El sistema realiza además un monitoreo permanente y periódico del estado de los extremos de subir y bajar, en este caso se considera como condición anómala la presencia de ambas señales en un mismo instante. En este caso existen varias alternativas en el funcionamiento del sistema ante esta falla, en caso de producirse con la cabina detenida, el sistema bloquea toda llamada y requiere ser reiniciado para que vuelva a operar. Si el problema ocurre al momento de arrancar, el sistema sólo operará en modo manual cuando así se lo solicite. Si el sistema se encuentra procesando una maniobra, esta se suspende en el próximo piso y el sistema bloquea toda llamada y requiere ser reiniciado para que vuelva a operar.

Fallas originadas por el operador de puertas automáticas.

El operador de puertas automáticas puede generar códigos de falla cuando no pueda cerrar y/o abrir correctamente la puerta.

El monitoreo del estado de puerta se lleva a cabo por medio de las líneas de seguridad automática y fin de puerta abierta. Ambas señales se encuentran sobre la bornera 'entradas directas'. La línea de seguridad automática esta activa cuando se le aplica una tensión de 24 Volts positivos respecto de masa, con lo cual se tiene el correspondiente led encendido. La línea de fin de puerta abierta en cambio esta activa cuando la correspondiente bornera se encuentra conectada a masa o sin conexión. En este caso el led permanecerá apagado.

Cuando se intenta abrir o cerrar la puerta se dispone de un tiempo máximo de 10 segundos para que concluya exitosamente la maniobra, de no ser así se ejecuta la maniobra opuesta y se reintenta, disponiéndose en este caso de un tiempo máximo de 5 segundos para ejecutar la maniobra. Si el reintento no tiene éxito se genera un código de falla y el sistema queda a la espera de nuevas llamadas para realizar nuevos intentos de solucionar el problema.

Falla originada por protección de sobre temperatura del motor

El controlador electrónico dispone de una entrada destinada en forma exclusiva al monitoreo del estado del PTC.

El símbolo general para estos dispositivos es el de la figura nº 2; la línea recta en diagonal sobre el resistor indica que varía de forma intrínseca lineal, y la anotación junto a dicha línea denota que la variación es debida a la temperatura y tiene coeficiente positivo, que chequea todoel correcto funcionamiento del motor. Esta entrada es consultada periódicamente en busca de posibles fallas. La detección de una condición de sobre temperatura produce que el sistema suspenda toda actividad quedando bloqueado en forma permanente. Para salir de esta condición de falla deberá esperarse a que el motor recupere su temperatura de operación segura, luego de lo cual deberá reiniciarse el controlador. Bajo la condición de falla no es posible operar el sistema en modo manual.

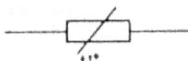

Fig nº 1 : símbolo del PTC.

Códigos de operación.

Contenidos :

El presente capitulo describe los códigos de falla generados por el sistema cuando éste detecta condiciones anómalas en el desarrollo de las diversas maniobras. Conjuntamente con cada código se indica cual puede ser el posible origen de la misma y en caso de ser posible, el modo de subsanarla.

Los códigos de operación, a diferencia de los de fallas, no indican problemas en el funcionamiento del sistema sino modos de operación especiales generalmente activados por el operador.

Normalización: Este mensaje indica que el sistema está tratando de ubicar la cabina en uno de los extremos . Una vez normalizado, desaparece la indicación. Este mensaje aparece cuando el sistema arranca en modo automático.

Operación manual: Este Mensaje indica que se ha colocado el Sistema en funcionamiento manual. La Indicación continuará hasta que se reestablezca el modo de funcionamiento automático .

Códigos de fallas no generada por el controlador.

Fa : Este código de falla indica que excedió el tiempo máximo entre pantallas sobre las líneas subir y bajar. Una posible causa de esta falla es el deterioro del sensor sobre la línea subir o bajar. Esta falla no es recuperable por lo que deberá reiniciarse el sistema u operarse en modo manual .

Esta falla también, se origina por la mala lectura de la placa con el inductor, ya que no se controló en forma anterior a la colocación de las pantallas, el excesivo juego lateral de la cabina, por lo que resulta que esta lectura en velocidad de inspección (porcentaje del 30% de la velocidad nominal) ofrece un efecto pasivo de marcha que no es real, y que su verdadera dimensión del funcionamiento comienza cuando el ascensor funciona a la velocidad de automático y con su carga al 100%.

Fb : Este código de falla indica la falta de seguridad manual durante la ejecución de una maniobra. Esta falla se recupera reponiendo la seguridad manual, con lo cual se continuará con la maniobra. También se genera cuando se corta la línea de seguridad desde el interruptor de PARAR ubicado normalmente en la botonera de cabina.

Fc : Este código de falla indica que el operador de puerta automática no ha podido cerrar la puerta. Esta falla es recuperable por medio de la realización de un nueva llamada .

Tenemos que tener en consideración, que las puertas automáticas deben poseer un buen cierre final tanto en la puerta de coche como en las de las puertas exteriores, ya que provocarán fallas de cierre y apertura , hasta sacar el ascensor fuera de servicio.

Fd : Este código de falla indica que el operador de puerta automática no ha podido abrir la puerta. Esta falla es recuperable por medio de la realización de un nueva llamada .

Fe : Este código de falla indica la falta de seguridad automática durante la ejecución de una maniobra. Esta falla se recupera reponiendo la seguridad automática, con lo cual se continuará con la maniobra hasta alcanzar el próximo piso, en la dirección en que viajaba al momento de producirse la falla, donde se detendrá. Una llamada cualquiera normalizará el sistema.

Fg : Este código de falla indica que se encontraron las placas de bajar y subir al mismo tiempo.

En la formación de las dos placas que son ubicadas en el mismo soporte y que indican la parada a nivel en subida y bajada, debe existir una diferencia de "solape" entre la de bajar y la otra de subir, ya que si los inductores no advierten la diferencia de pulso entre una y la otra placa, el controlador detendrá al ascensor de inmediato.

Hay otros tipos de componentes que son instalados en el pasadizo, sin la necesidad de colocación de pantallas y es el sensor magnético a reed swicht que se trata de una ampolla de vidrio y que referencia el pulso hacia el controlador cuando este encuentra a imanes colocados en las guías de deslizamiento, por lo que se tendrá que tener especial cuidado cuando se coloquen dichos imanes en las guías , de no ser arrastrados por el sensor magnético o que cuando se realice el engrase de las guías, que no sean desplazados de la zona de lectura.

Es entonces que esta falla no es recuperable por lo que se deberá reiniciar el sistema u operarse en modo manual, para su verificación.

Fh : Este código de falla indica que no se encontró la pantalla de extremo inferior durante la normalización del equipo. Una posible causa de esta falla es el deterioro del sensor sobre la línea de bajar. *(el autor reemplazó por otra nomenclatura el código de fallas)*

Sistema de pantallas para ascensores de alta velocidad con variador de velocidad

Para simplificar este gráfico sólo se describe la maniobra de ascenso, resultando la de descenso, en la misma forma. Viaje entre dos pisos consecutivos: la Maniobra comienza al activarse conjuntamente V2 y CDE-CSU. Cuando se llega a la pantalla P5 cae V2 y se produce una cuenta en el número de piso. Viaje entre dos pisos no consecutivos: la maniobra comienza al activarse conjuntamente V3 y CDE-CSU. Cuando se llega a la pantalla P9 cae V3 y se produce una cuenta en el número de piso.

Nota : en cualquier caso las pantallas de cambio de velocidad nunca podrán solaparse o sea que nunca tendrán que imitar su colocación como si fuesen las de nivelación, ya que los inductores mandarán ambas señales activas y detendrá al ascensor.

Resulta además necesario que exista entre ellas una distancia mínima del orden de los 10 centímetros.

Vemos en la fig nº 3, la formación y colocación de las placas en el pasadizo para ascensores de alta velocidad.

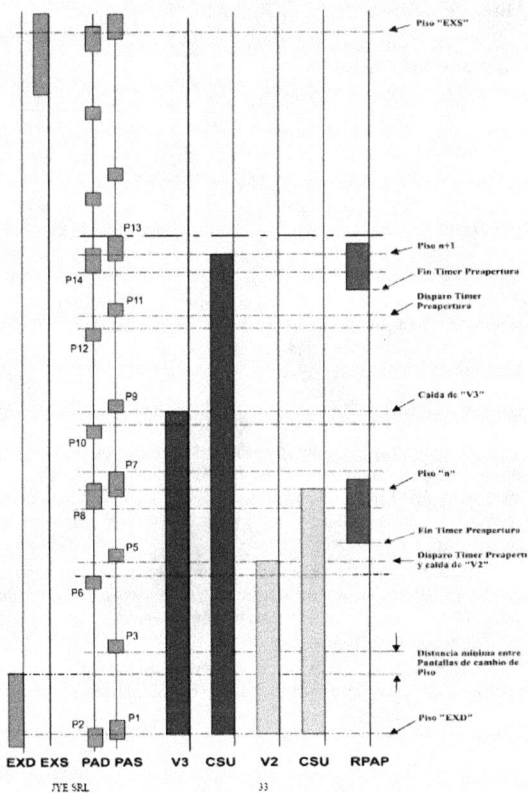

Redes de Comunicación CAN, para Controladores.

(Controller Area Networw)

Es un sistema de red, basado en el intercambio de mensajes entre nodos.

Un nodo podría ser la comunicación entre el control del ascensor y otro nodo al indicador de posición a LCD en la cabina.

Dichos nodos intercambian información a través de mensajes de información que tienen un formato determinado. Es decir que no se ocupa la línea constantemente, sino durante el envío de dicho mensaje que el resto de nodos recibirán.

En la práctica las colisiones entre mensajes se resuelven en un tiempo extremadamente reducido y además existen numerosas formas de reducir esas colisiones que son la operación de nodos en forma sincrónico en tiempo real.

Aplicaciones:

CAN y muchas redes similares se están introduciendo desde hace años en diferentes áreas de la ingeniería. Por ejemplo en vehículos todo terreno, en sistemas electrónicos multi-dispositivo, automatización de fábricas, controladores de ascensores y otros sectores similares, de fácil implantación.

Lo cierto y real es que a corto plazo las redes de comunicación estarán presente en muchos controladores de ascensores, brindando más seguridad y operaciones de información más sencillas sin la intervención de costosas interfaces mecánicas.

A continuación, vemos a los diferentes tipos de controladores totalmente armados y otros con su Monoplaca lista para su ensamblado :

Gentileza: Saitek
Fig nº 4 :Placa de controlador electrónico.

Fig nº 5: controlador electrónico completo, con variador de velocidad. (Gentileza Automac S.A)

Implementación de la Fibra Óptica.

El puerto por fibra óptica es usado normalmente para comunicar 2 ascensores entre sí a efectos de formar un sistema dúplex ó para comunicar cada uno de varios ascensores con un Coordinador COO51fa, para atender una bateria de hasta 6 cabinas.

Fig nº 6: Vemos en esta figura, la implementación de fibra óptica, para comunicación dúplex, la cual ofrece una excelente repuesta de señales sin interferencias.

Fig nº 7: vemos aquí la disposición del controlador ubicado en la puerta del gabinete y cuya tarjeta fue configurada con un programa en base a ROM.

En estos casos, se debe tener especial cuidado en los cableados de comunicación entre el controlador y el resto del equipo (contactores magnéticos, relés y transformadores, ya que los conductores no deben ser atorados entre la puerta y el bastidor de chapa.

El Algoritmo en un controlador electrónico.

Para definir sencillamente como trabaja un controlador electrónico de ascensor, debemos decir que sus funciones de entradas y salidas, son desarrolladas en base a algoritmos.

No es la finalidad del autor, entrar y/o exponer circuitos digitales, memorias eeprom ó ram que utilizan, ni las diferentes etapas intermedias ya que ello, solo queda en manos de sus respectivos fabricantes.

En matemáticas, ciencias de la computación y disciplinas relacionadas, un algoritmo (del latín, dixit algorithmus y éste a su vez del matemático persa Al Juarismi) es un conjunto preescrito de instrucciones o reglas bien definidas, ordenadas y finitas que permite realizar una actividad mediante pasos sucesivos que no generen dudas a quien lo ejecute. Dados un estado inicial y una entrada, siguiendo los pasos sucesivos se llega a un estado final y se obtiene una solución

En la vida cotidiana se emplean algoritmos en multitud de ocasiones para resolver problemas. Algunos ejemplos son los manuales de usuario, que muestran algoritmos para usar un aparato, Algunos ejemplos en matemáticas son el algoritmo de la división para calcular el cociente de dos números, el algoritmo de Euclides para obtener el máximo común divisor de dos enteros positivos, o el método de Gauss para resolver un sistema lineal de ecuaciones.

Señales Analógicas y digitales

Las señales digitales o discretas como los interruptores, son simplemente una señal de On/Off (1 ó 0, Verdadero o Falso, respectivamente). Los botones e interruptores son ejemplos de dispositivos que proporcionan una señal discreta. Las señales discretas son enviadas usando la tensión o la intensidad, donde un rango especifico corresponderá al On y otro rango al Off. Un PLC puede utilizar 24V de voltaje continuo en la entrada/salida donde valores superiores a 22V representan un On, y valores inferiores a 2V representan Off. Inicialmente los PLC solo tenían E/S discretas.

Las señales analógicas son como controles de volúmenes, con un rango de valores entre 0 y el tope de escala. Esto es normalmente interpretado con valores enteros por el PLC, con varios rangos de precisión dependiendo del dispositivo o del número de bits disponibles para almacenar los datos. Llamadas, señales de inductores y límites finales son normalmente representados por señales analógicas. Las señales analógicas pueden usar tensión o intensidad con una magnitud proporcional al valor de la señal que procesamos. Por ejemplo, una entrada de 4-20 mA ó 0-10 V será convertida en enteros comprendidos entre 0-32767.

Como podrán apreciar, así es el comportamiento de un controlador para ascensor e incluso para la mayoría de las industrias con proceso automatizado, que junto con los variadores de velocidad (tema que trataremos más adelante) han revolucionado en forma simple y económica, desarrollos industriales eficaces.

Funcionamiento general.

El corazón del sistema de un controlador electrónico, es un microprocesador programable.

Este micro de acuerdo a las funciones en que fue grabado, administra la comunicación de entradas por medio de multiplexores y las salidas por medio de memorias o de relés para el manejo de la potencia.

Las entradas de todas las seguridades, pantallas o imanes de nivelación y los distintos comandos de mantenimiento, son separadas y codificadas.

Las entradas de llamadas, pantallas, serie de puertas y seguridades son niveles de 110 volts, que son atenuados y filtrados antes de llegar a los multiplexores.

La salida en dúplex para 2 controladores son niveles aproximados a los 5 volts, al igual que para los indicadores de registro de llamada y los indicadores digitales de posición de coche.

Para el caso de la interfaz de potencia, son usados relés de salida en patín retráctil, freno y alarmas con contactos que soportan 5 amper en 220 volt de corriente alterna y 1 amper en caso de corriente continua.

Es importante señalar que dependiendo de la calidad de los contactores magnéticos que manejan la potencia del motor y los micro relay de interfaz hacia ellos, dependerá la duración por los arranques/hora efectuados, ya que con una baja calidad, los fallos por mal funcionamiento en ascensores con uso intenso de tráfico, acortará rápidamente, la vida útil de estos componentes.

Marcha a velocidad nominal del ascensor

El controlador permite una vez chequeado todo el sistema de seguridad y posicionamiento que el ascensor parta a velocidad nominal (alta velocidad) a cumplir la llamada desde la cabina ó palier.

En caso de puertas automáticas el ascensor una vez cumplida la llamada abrirá sus puertas y tendrá un tiempo programable en cerrarlas y partir nuevamente en busca de otra llamada realizada.

En caso de exceder el tiempo de detenida por señal de 3 intentos de cerrar fallidos, el controlador podrá detener el ascensor en el piso ó penalizar la interrupción, cerrando de inmediato las puertas, incluso aún cuando se interrumpa los haces de las barreras infrarrojas.

Tiempo excedido de lectura de pantallas ò imanes

El controlador puede ser programado para el tiempo "electrónico" de lectura del pasadizo a de los inductores infrarrojos ó reed swicht.

Esto significa que de pantalla a pantalla, la lectura se hará con tiempos programados.

Cuando ese tiempo exceda el programado en el controlador electrónico, el ascensor se detendrá en forma instantánea, lo que se tendrá que verificar en el pasadizo o desde el controlador, el evento surgido.

Entre los eventos que ocasiona la salida de uso del ascensor están:

Que el inductor no realizó la correcta lectura de una o ambas pantallas.

Que el ascensor partió con motor frenado.

Perdida de una pantalla.

Inductor o reed swicht al final de su vida útil.

Cable comando con señal al inductor, cortado.

Falta de fase.

Excesivo juego lateral de guiadores, que originan falsas lecturas entre inductor y placa.

Fig nº 8 : disposición de los inductores en el bastidor del coche.

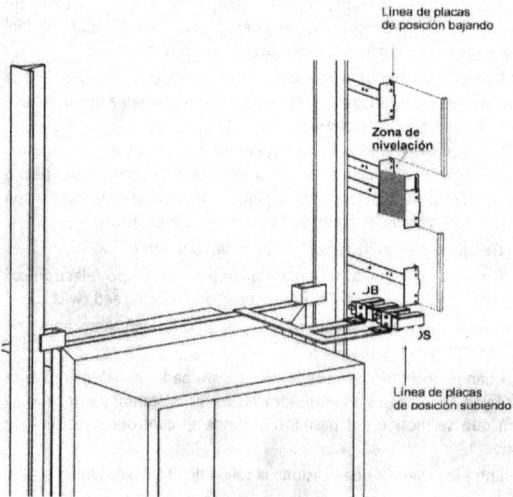

Inductor electrónico de pasadizo.

Este elemento electrónico, está formado por una plaqueta impresa que con 2 fotodiodos uno emisor y el otro receptor, actúa cuando es interrumpido el haz de luz entre sí por las placas o chapas de pasadizo, lo que genera señales al controlador.

Las señales son de ubicación del coche, conteo de los pisos, diferentes velocidades del motor, nivelación y parada. (tren de pulsos).

El circuito electrónico de este componente está formado generalmente y dependiendo de los diferentes fabricantes de un transistor que trabaja como oscilador y un diodo de zener que al ser polarizado inversamente, mantiene constante la tensión en sus bornes, para que la corriente circulante en el circuito, sea constante ya que el enemigo principal de los inductores electrónicos, son la baja tensión que puede provocarse por defecto o mal cálculo de la fuente de alimentación, en donde la información enviada al controlador en caso de baja tensión, serán equívocos lo que producirá fallas de lectura erróneas con respecto a la posición del ascensor u otro defecto en el tren de pulsos.

En ascensores veloces con variador de velocidad, los pulsos deben ser extremadamente exactos ya que por las diferentes velocidades que genera el drive, los pulsos emitidos no debe ni pueden llegar débiles al controlador, ya que provocará un funcionamiento inestable.

Por todo lo mencionado, es de vital importancia contar con fuentes de alimentación, con salidas correctamente calculadas para el circuito.

Lo mismo puede ocurrir con los sensores magnéticos a reed, ya que la incorrecta posición con respecto a los imanes, puede causar también mal funcionamiento.

Es entonces que para ambos casos, deben seguirse siempre, las recomendaciones de los fabricantes.

CARLOS F. TEDESCO

CIRCUITO DE POTENCIA PARA UN
ASCENSOR DE 2 VELOCIDADES.

Vemos en la fig nº 9, el esquema de potencia para un controlador electrónico.

Cuando el pasajero oprime el botón de llamada del ascensor, los relés de los contactores magnéticos de dirección (subir ó bajar) y el de alta velocidad, entrarán en acción cuando por medio de los relés ubicados en la placa controladora correspondiente den 0 volt ó positivo a la puntas de bobina a2 mientras que las puntas a1, serán alimentadas cuando la placa de seguridad o circuito correspondiente, chequee que toda la línea de seguridad del ascensor, está habilitada.

Por señal del inductor y la memoria del piso marcado, la señal de corte de alta velocidad entrará en función, cayendo entonces el contactor magnético de alta velocidad pero dirección, freno y patín, seguirán energizados, hasta su nivelación y parada asignada.

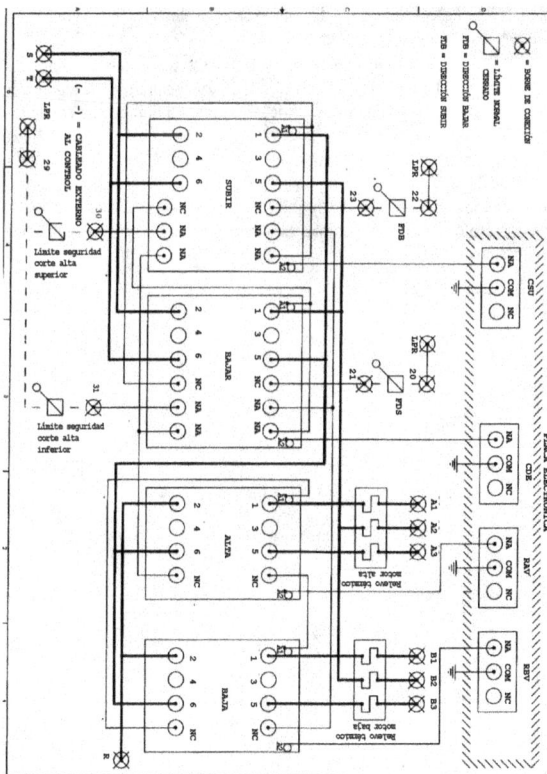

También es importante agregar al tablero electrónico un contactor magnético denominado "potencial".

Esta intercalación al circuito de potencia, es la que habilita a la fuerza motriz de las contactores de dirección y velocidad, la que luego con el ascensor en reposo por más de cinco minutos o el tiempo de programa, se desenergizará hasta que se produzca una nueva llamada de coche ó palier y se energice nuevamente cuando es chequeado todo el circuito de seguridad.

Vemos en la figura nº 10, que cuando se cierran los contactos na, de la placa de seguridad, comienza la secuencia de arranque del motor del ascensor.

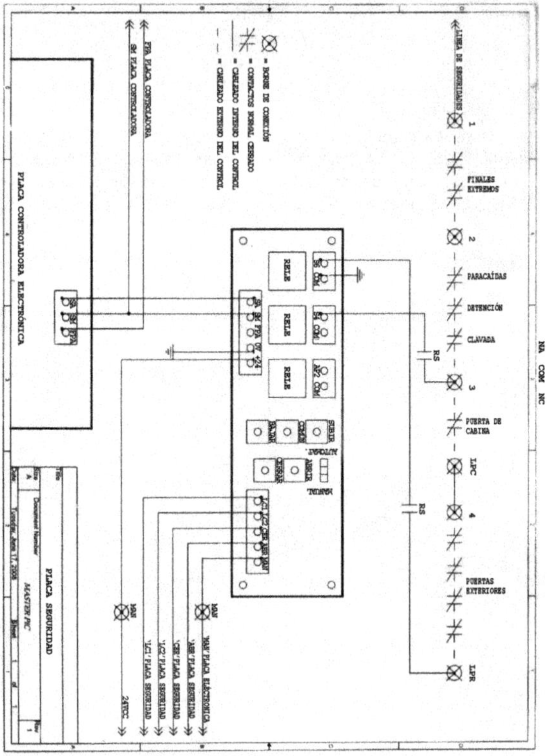
PLACA CONTROLADORA ELECTRÓNICA
PLACA SEGURIDAD
MASTER PIC
RELE
RELE
RELE
FINALES EXTREMOS
PARACAÍDAS
DETENCIÓN
CLAVADA
PUERTA DE CABINA
PUERTAS EXTERIORES
LPC
LPR
RS
RS
NA COM NC
SUBIR
BAJAR
ABRIR
CERRAR
AUTOMAT.
MANUAL
24VCC

Previamente la placa, ha censado toda la cadena de seguridad del circuito.

Como se verá, si se advierte que falta una ó mas seguridades abiertas, no mandará el 0 volt ó positivo a ningún relé que maneja la punta de la bobina a2, por lo tanto ningún contactor magnético de potencia, será energizado.

Es de hacer notar, que todos los fabricantes de controladores electrónicos, cuentan en sus placas, con sistemas seguros para el censado previo de arranque del ascensor y que algunos trabajan con señales positivas y otros negativas.

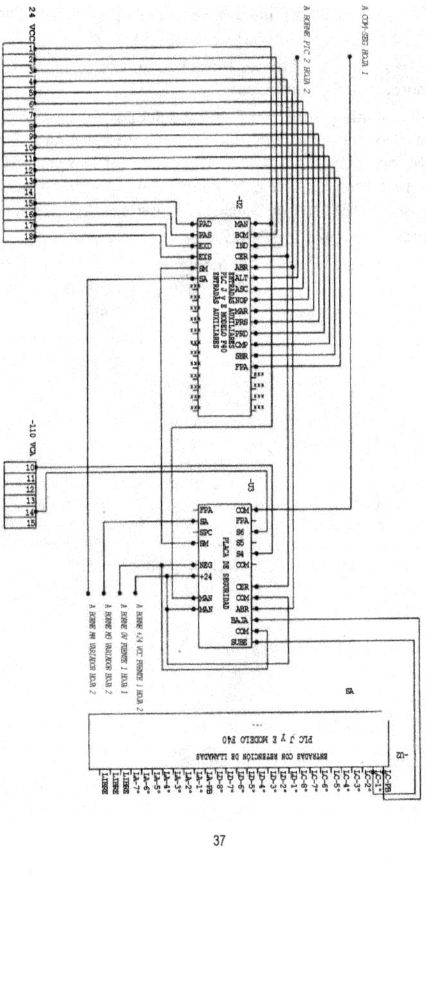

Vemos en la fig nº 11, un diagrama de bloques de un controlador electrónico, con su placa de seguridad, y sus entradas y salidas.

Apréciese de las diferentes tensiones que están presente en las distintas borneras del controlador.

Hay que tener presente que en caso del ensamblado en gabinete de un controlador electrónico, se debe siempre IDENTIFICAR las borneras claramente, no solamente por la conexión de los componentes a las diferentes tensiones, que sinó también deben quedar perfectamente identificados a que SECTOR de la instalación pertenece cada conductor.

Ejemplo: LFS-LFB-LPC-LPR-etc.

Esto se refiere a que en el momento de maniobrar el ascensor ó de realizar las pruebas respectivas, se tenga en cuenta cuales son las borneras reales de chequeo.

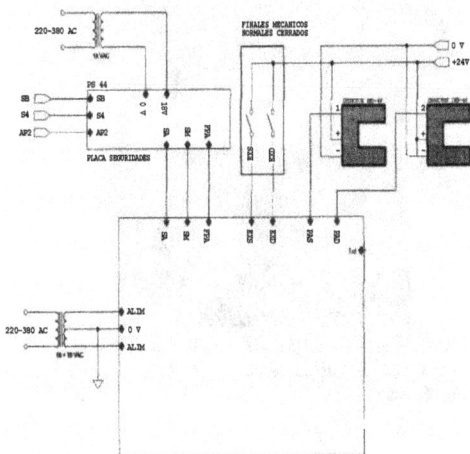

Indicadores de posición de cabina

Conectividad del sistema:

Los indicadores se conectan al sistema mediante dos cables de alimentación de 24 VCC y dos cables de comunicación, CAN BUS. Cada indicador posee 2 entradas/salidas destinadas a recibir y registrar llamados externos ascendentes/ descendentes. Incluye según el modelo un buzzer o conexión a parlantes para emitir sonidos y mensajes hablados. También puede disponer de formatos verticales y horizontales en distintos tamaños, en 2 y 3 dígitos y colores a elección.

La comunicación por medio de estos indicadores de posición, dispone de una excelente vía de información para el usuario, siendo que todos los fabricantes de controladores de ascensores, anexan ésta línea informática moderna de indicación por LCD, y también por matriz de puntos.

Vemos en la fig nº 12, en la parte superior, un indicador de posición de coche por LCD, mientras que en la fig nº 13, otro tipo de indicador alfanumérico (Gentileza CF)

Otro sistema importante de información para el pasajero, son los mensajes hablados que emiten audio a través de parlantes en la cabina del ascensor, por piso cumplido, sobrecarga, obstaculización por tiempo expirado en las barreras por haces infrarrojos, dirección de partida y otros mensajes relacionados o no con el funcionamiento del ascensor.

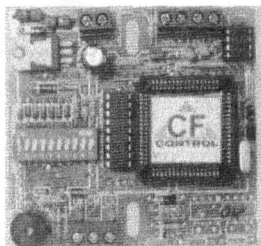

Fig nº 14: Vemos en esta figura, la placa de comunicación para ascensor ubicada por detrás de cada indicador alfanumérico ó LCD (gentileza CF)

Decodificadores de 7 segmentos (barras) en un indicador de posición de ascensor.

Ésta aplicación de indicadores por segmentos, todavía esta presente en muchos ascensores con controladores electrónicos y si bien la técnica ha sido superada por indicadores de posición alfanuméricos y LCD (Liquid Cristal Display), es de interés del autor mostrar en este caso con un lenguaje de comprensión simple, como es el funcionamiento de éste componente electrónico ya que es común visualizar dígitos decimales mediante 7 segmentos formadas por lcd o por diodos luminosos (leds).

Cada segmento se visualiza cundo se activa el conductor correspondiente a su letra sea a, b, c, d, e, f ó g, como aparece en la fig nº 13, que llega al visor, display.

O sea que cada vez que en las entradas de un decodificador se aplica una combinación ó número binario, corresponderá entonces una sola línea de salida que se activará, permaneciendo las restantes sin activarse.

El digito decimal que se forma con los 7 segmentos, se corresponde con una combinación binaria bcd generada por un circuito digital.

Por ejemplo en la fig nº 15 la combinación 0011 (en bcd) deberá convertirse en la combinación de 7 bits(a, b, c, d, e, f, g) = 1111001, para que 5 de los 7 segmentos formen el numero 3 en el visor.

Las combinaciones de 7 bits que definen qué segmentos se activarán, constituye el llamado 7 segmentos. Es necesario entonces que un circuito conversor que pase por bcd a 7 segmentos, es conocido por decodificador-excitador.

FIG Nº 15   FIG Nº 16

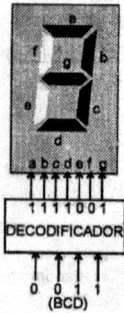 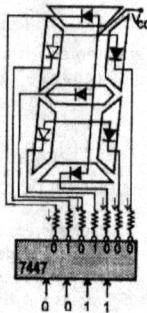

Inductor de pasadizo:

Vemos en la fig nº 17, un inductor electrónico para lectura del pasadizo.(Gentileza JYE)

Obsérvese sobre la parte izquierda de la figura, a los fotodiodos emisor y receptor.

El resto del circuito está comprendido en sus componentes principales con un díodo de zener y un transistor que trabaja como oscilador o protección del circuito.

Como dijimos anteriormente, este componente electrónico, debe tener la correcta alimentación en cantidad y calidad suficiente e indicada por el fabricante.

Fuente de alimentación regulada

En los casos que debamos armar un controlador electrónico para ascensor, se debe tener en cuenta las fuentes de alimentación de los diferentes circuitos eléctricos, para que éstas alimenten correctamente a los sectores de la placa y periféricos.

Las fuentes reguladas son la máxima confiabilidad que responden a sistemas de alimentación continuos.

Una buena fuente de alimentación estabilizada se realiza mediante reguladores integrados que proporcionan una corriente de 1 amper, cuando estos son correctamente refrigerados (disipados).

La mayoría de los fabricantes de estos reguladores, indican que la tensión entregada por el secundario del transformador debe ser como mínimo tres veces superior a la tensión nominal del regulador, por lo que tendrá significativa importancia la intensidad de consumo que se le exija a la salida de la fuente.

En el caso del transformador debe tenerse en cuenta puntos importantes de características y construcción.

Para el cálculo general de una fuente, debe tenerse en cuenta la intensidad en la corriente que se le exigirá a la salida.

Es decir si necesitamos 3 amper de consumo y el factor de tiempo, lo que significa si el consumo va ser continuado o transitorio, debemos llegar a los 4 amper, sobredimensionando 1 amper más la intensidad nominal.

En el caso de los controladores de ascensores electrónicos, las fuentes están encendidas las 24 horas del día, teniendo en cuenta que en las horas de máximos ascendentes y descendentes, las fuentes de alimentación, serán extremadamente exigidas, lo que la fuente en determinado momento puede llegar a "caerse", lo que provocará defectos de funcionamiento del ascensor.

44

En el caso de los capacitores es muy importante la corriente que se ha de calcular para su correcto funcionamiento, ya que este componente "alisa" la corriente continua, por lo que se suele aplicar 2000 uF por amper de salida y con respecto a la tensión se debe aplicar del doble del valor superior de salida.

Si por ejemplo tenemos una fuente de 1,5 amper y 15 volts, el condensador electrolítico debe ser al menos de 3.000 uF x 35 v.

Vemos en la figura nº 18, una fuente regulada.

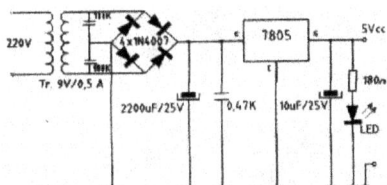

Vemos en la página posterior la fig nº 19 con alimentación del primario y secundario de un transformador del tipo "multi-salida", para un controlador.

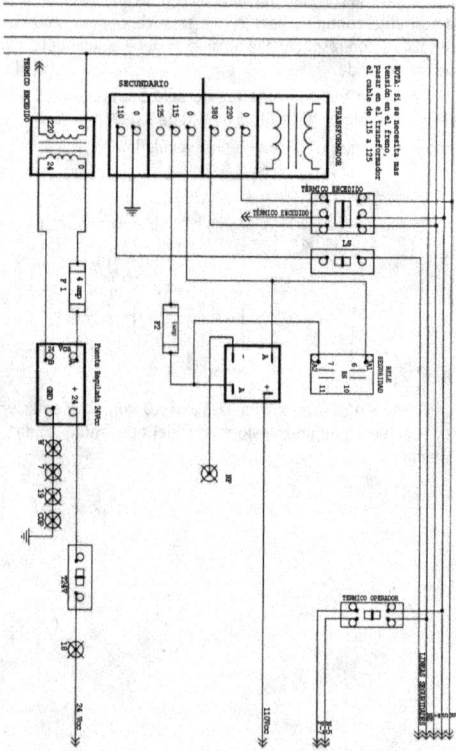

Debe apreciarse que el fabricante solicita para la alimentación de los 24 vca, un transformador aparte y que no esté en el bloque del transformador multi-salida.

Como vemos, la alimentación del primario del transformador principal se nutre con 380 vca , mientras que las salidas de los 115 a 125 vca, pasarán por el rectificador e irán al circuito del freno – patín de vcc, mientras que los 110 vca alimentarán a las bobinas de las contactoras magnéticas de potencia.

Por otra parte, cada circuito eléctrico, debe estar protegido por fusibles normalizados o termo-magnéticas unipolares o bipolares que aseguren en caso de corto o fuga a tierra de algún componente, la debida protección de la línea.

Modernizaciones

Consideraciones especiales

Para realizar una modernización de ascensores de más de diez años de uso, se debe tener en cuenta factores especiales de comportamiento posterior.

Es decir, un controlador electrónico nuevo, no varía la calidad de funcionamiento de una máquina de tracción si esta está deteriorada con excesivo juego de corona o sinfín o ambos defectos, ruidos de grapodina etc.

Tampoco mejorará el problema de un motor con un rotor fuera del centro magnético del estator, bujes gastados, jaula de ardilla abierta o que funciona con altas vibraciones por su inestabilidad de escuadra o alineación horizontal con respecto a la máquina.

Con respecto al freno, si tiene los ferodos gastados, pernos con escalones o bobina defectuosa, tampoco variará la situación.

En el caso de la polea de tracción, tampoco asumirá el desgaste de las llantas y el resbalamiento de los cables de acero, que con el nuevo controlador instalado esa situación tampoco cambiará.

Es entonces que antes de proceder al reemplazo del control original del tipo electromecánico se deben tomar recaudos técnicos sobre todo en máquinas de una velocidad.

Los ascensores de una velocidad siempre han sido críticos en la manutención del conjunto motriz, sobre todo cuando es coche único y ha sido sometido a miles de viajes previos a su modernización.

Para que una instalación de un controlador electrónico nuevo quede en óptimas condiciones, es necesario realizar cuando así el factor lo requiera, reparaciones mecánicas que son muy importantes a la hora de la puesta en marcha.

Balanceo estático

Vamos a comenzar por el balanceo estático de coche y contrapeso.

En un ascensor de una velocidad a modernizar, debe de tenerse en cuenta el balanceo estático entre el coche y contrapeso.

Es decir que si ese ascensor siempre ha tenido problemas de nivelación ascendente o descendente debemos realizar el balanceo ya que con un nuevo controlador electrónico tampoco esa situación tendrá efecto, por lo que se supone que habrá inconvenientes de todo tipo.

Únicamente con la colocación de un variador de velocidad, este defecto puede desaparecer debido al factor de relación voltaje-frecuencia de este componente de alta tecnología.

El variador de velocidad podrá atenuar y controlar un motor de tracción, una máquina o un freno, siempre y cuando el desgaste de estos componentes sean normales y no críticos ya que un motor con vibración no podrá disimularlo cuando el ascensor alcance su velocidad nominal.

En el caso del freno, si sus movimientos de pivote en los pernos están escalonados, núcleos gastados o camisa de bronce perforada, su apertura puede llegar trabarse cuando el variador asuma la orden de marcha.

Es entonces que el criterio técnico y razonamiento expuestos, nos hacen pensar que pasará cuando un ascensor con todos estos problemas mecánicos, halla que modernizarlo cuando no lleve un variador de velocidad.

Un balanceo estático se realiza con la cabina y contrapeso equilibrados en su altura superior y que suele darse a mitad del recorrido.

Esto significa que deberá colocarse al coche y contrapeso verificado previamente que ambos tensores de coche y del contrapeso estén enfrentados a una misma distancia.

Luego se carga al coche con el 50 % de la carga máxima determinada.

En la sala de máquinas, se procederá por norma de seguridad, al corte del suministro eléctrico del ascensor.

Paso seguido se abrirá el freno y con la manija de rescate, se colocara en el eje del motor, comprobando allí que no debe haber ningún esfuerzo moviendo dicha manija hacia la izquierda o derecha sobre donde estamos posicionados.

De existir que la manija tira mucho sobre el lado de la cabina, es porque al contrapeso le faltan lingotes a su bastidor.

Es decir que deben agregarse de uno a tres lingotes como mínimo para compensar la relación del 40 % más de contrapeso a cabina vacía, que existen en casi todas las instalaciones con motores asincrónicos trifásicos, no controlados por equipos de frecuencia y voltaje.

Sí por el contrario, el peso se inclina en demasía al contrapeso, se deberá retirar uno ó más lingotes hasta llegar al equilibrio de fuerzas.

Cuando la prueba se realiza con los elementos de rescate ya provistos en la máquina, la tarea se simplifica mucho más pero en definitiva el resultado será el mismo.

Para los lectores que se introducen en esta especialidad apasionante, le aclaramos que en una instalación de ascensores, el contrapeso es el 40% más pesado que el coche a cabina vacía y que se equilibran solamente cuando el coche es ocupado al 50% de la carga total declarada a transportar.

Notará el lector, luego de colocado los lingotes en caso de ser más pesada la cabina, la enorme diferencia en el frenado a rellano del ascensor, aún con la antigua instalación.

Los rellanos o pisos que antes eran críticos por sus constantes desnivelaciones, serán corregidos luego con el sistema de inductor y placas sin ningún inconveniente que se realizará en la modernización, dando luego un excelente resultado en el ajuste y nivelación final.

Es entonces que desde nuestro criterio técnico, resolver los problemas mecánicos con antelación o durante los trabajos de modernización, dejará una instalación digna de ser reconocida por su calidad eléctrica, mecánica y un funcionamiento seguro y eficaz para el usuario.

Vemos en la fig nº 20, otro tablero electrónico

Conductores eléctricos fijos y viajeros

Los conductores eléctricos, son muy importantes a la hora de realizar una modernización o instalación desde cero.

Para el caso de los conductores viajeros (mangas de pasadizo ó cables de comando), deben colgarse previamente desde el último piso superior hasta el foso del ascensor pero que éstas no toquen el solado, es decir el piso del foso.

De ésta forma los cables colgantes alcanzarán su recta vertical de trabajo, perdiendo el espiralado inicial de su embalaje, sobre todo cuando las vainas en formaciones de 20 o más cables y con 1mm2 de sección, deben alcanzar su máxima adaptabilidad a los viajes ascendentes y descendentes del ascensor.

Es siempre conveniente en una modernización, reemplazar la caja centro o media de la antigua instalación, haciendo que los cables de comando estén conectados desde la sala de máquinas hasta el coche.

De ésta forma se evitará pasar por las vetustas cajas media o centro que son también puntos conflictivos de mal funcionamiento ya sea por polución de bornes o tornillos o de corto circuito entre los nuevos cables, ya que las borneras son generalmente del tipo abiertas a tornillo.

En caso de optar por utilizar la caja centro o media, es aconsejable realizar la NUEVA SEÑALIZACIÓN DE LOS BORNES, ya que en caso de problemas con la puesta en marcha del nuevo equipo, por vinculación entre la caja y el coche, nos ayudará en la correcta ubicación de los cables colocados y sus derivaciones de conexión.

Vemos en la fig nº 21, diferentes cables para ascensores, donde se puede apreciar los cables enmallados y de comando.

(Gentileza Conducom S.A).

Control Temporal de Aceleración. (C.T.A)

Cuando no se dispone de un variador para la instalación nueva o a modernizar, es necesario la colocación de impedancias de limitación de tensión.

Cuando es excesiva la cupla de un motor, provoca funcionamiento brusco en el arranque, transmitiendo el efecto de "golpe de ariete" en la máquina de tracción.

Cuando la cupla es la normal se obtendrá en el ascensor, un arranque sin sacudones ascendentes ni descendentes.

El estudio del arranque de los motores tiene una gran importancia práctica, ya que la elección correcta de las características de los motores eléctricos y arrancadores a instalar están basados en el conocimiento de las particularidades de éste régimen transitorio. El comportamiento dinámico del conjunto motor-maquina accionada está regido por la siguiente ecuación:

Tm - Tr = J . dw / dt

Donde Tm es el par motor, Tr el par resistente, J es el momento de inercia del conjunto motor-maquina accionada y w es la velocidad angular de dicho conjunto.

Por lo tanto, para que el conjunto comience a girar se necesita que el par motor supere al par resistente, de manera de generar una aceleración angular de arranque. El proceso de arranque finaliza cuando se equilibra el par motor con el par resistente, estabilizándose la velocidad de giro del motor.

Es entonces que las impedancias son intercaladas en la línea de alimentación del motor pudiendo estar programada la duración de uno a dos segundos de efecto de limitación por la cual y finalizado dicho tiempo el contactor magnético de aceleración será energizado, permitiendo así que la tensión al motor sea la nominal y directa de la línea de fuerza motriz en el controlador electrónico de ascensor, la función de aceleración puede programarse por el fabricante en los tiempos arriba indicados.

Resta señalar que este C.T.A, puede intercalarse en ascensores de 1 y 2 velocidades, es decir para motores con alta y baja velocidad.

El código instalación del GCABA fija los límites de corriente en el arranque indicados en la tabla siguiente:

Hasta	3	HP		4,0 .	In
Más	de	3	hasta	6 HP	3,5 .	In
Más	de	6	hasta	9 HP	3,1 .	In
Más	de	9	hasta	12 HP	2,8 .	In
Más	de	12	hasta	15 HP	2,5 .	In
Más	de	15	hasta	18 HP	2,3 .	In
Más	de	18	hasta	21 HP	2,1 .	In
Más	de	21	hasta	24 HP	1,9 .	In
Más	de	24	hasta	27 HP	1,7 .	In
Más	de	27	hasta	30 HP	1,5 .	In
Más	de	30 HP		1,4 .	In

Vemos en la fig nº 22, un circuito temporal de aceleración, para motor de ascensor.

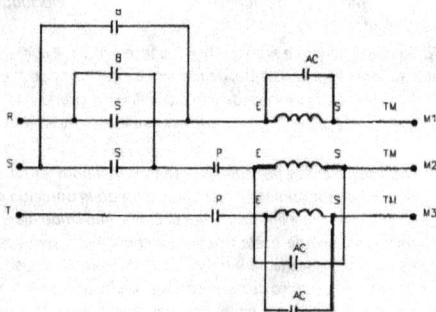

Podemos apreciar cuando se cierran los contactos normal abierto de subir o bajar, como la tensión pasa hacia el motor a través de las impedancias y que al reducirse la tensión se reduce proporcionalmente la corriente, la intensidad del campo magnético y la cupla motriz, por lo que luego de 1 a 2 segundos al cerrarse los contactos AC, el motor recibe la tensión normal de línea.

Estos controles temporales de aceleración, son usados también en la actualidad, en los controles de maniobras electrónicos.

Es válido mencionar que cuando por alguna razón eléctrica, electrónica ó mecánica, el control temporal de aceleración queda inhibido, debemos de realizar un puente momentáneo en la contactora magnética de aceleración (o sea puentear cada una de las fases), ya que de lo contrario el motor estará recibiendo en forma permanente la caída de tensón que provocan las impedancias, siendo su funcionamiento anormal sobre todo con viajes a máxima capacidad.

Vemos en la fig nº 23, la configuración de llamadas de una placa de controlador electrónico para ascensor.

CEA51FA LLAMADAS

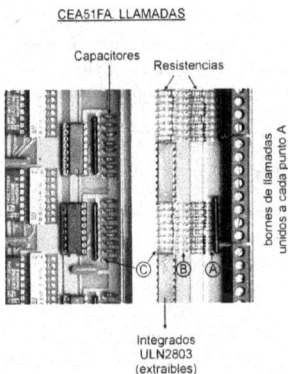

55

Algunos fabricantes de controladores para ascensores, llevan la señal negativa para llamadas y registro de luz de leds, mientras que en otros la señal de llamada para esa función es positiva.

De una u otra forma, el resultado y las prestaciones de funcionamiento son muy buenas, logrando que solamente con tres conductores, es decir común de llamada, registro y piso brinden un buen resultado de funcionamiento, ahorrando costos y mano de obra por el escaso empleo de 3 conductores.

Accesorios periféricos de Seguridad.

Los accesorios periféricos de seguridad, son elementos necesarios en toda instalación moderna y que pasaremos a describir con su método de instalación y funcionamiento:

Pesador de cargas.

El pesador de cargas , es un elemento muy valioso que brinda seguridad a los pasajeros y preserva la instalación, ya que avisa cuando la cabina es superada en la capacidad máxima, indicada por su fabricante y además por reglamentaciones vigentes.

Los fabricantes de estos productos nacionales, brindan amplia información sobre su instalación y funcionamiento, siendo además de muy buena calidad, por lo el autor considera su exposición de la información en este libro.

Pesador de cargas

Explicación del funcionamiento y características

Es un equipo electrónico que hace constantes mediciones del peso en cabina y actúa conforme a su función de limitador de carga, de acuerdo a los parámetros configurados por el instalador en el momento de la instalación.

Principio de medición. De acuerdo a una ley muy conocida en el estudio de la resistencia de materiales, denominada "Ley de Hooke", una barra de hierro solicitada a esfuerzos de tracción, compresión, flexión o torsión, experimenta deformaciones elásticas, es decir reversibles y proporcionales al esfuerzo. Esto se cumple siempre que los esfuerzos a los que se somete el material sean inferiores a cierta magnitud denominada "límite de elasticidad".

Llevado esto a la práctica, se encuentra que las partes constitutivas de la estructura de una cabina de ascensor siempre están sometidas a combinaciones de esfuerzos muy inferiores al límite de elasticidad y experimentan varios tipos de deformaciones elásticas combinadas. Estas deformaciones normalmente son imperceptibles a simple vista debido a los coeficientes de seguridad con que se diseña esta estructura o bastidor del ascensor.

Ahora, resumidamente se puede decir que en los diseños más comunes de ascensores se ha encontrado que en la parte superior del bastidor de la cabina la deformación por flexión debido a la carga es varias veces más significativa que cualquier otro tipo de deformación. Por lo tanto se ha elegido focalizar el análisis en este fenómeno midiendo conveniente el momento flector en ese lugar.

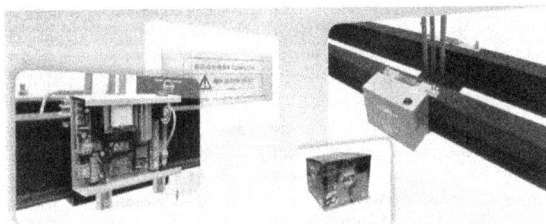

PESADOR - LIMITADOR DE CARGA PARA ASCENSORES Y MONTACARGAS

Gentileza AVAXON JUSTO S.R.L

Vemos en la fig nº 24, la disposición de colocación en el bastidor de coche y su caja electrónica.

Para el monitoreo de las variaciones del momento flector en los travesaños superiores del bastidor, este equipo emplea un juego de dos celdas de carga de flexión como elementos sensibles del sistema de medición, tal como se muestra en la figura 1. Estas celdas de carga traducen la flexión del hierro sobre el que se encuentran sujetas a una señal eléctrica que es interpretada dentro del equipo. La medición permanente de estos momentos flectores más un post-procesado conveniente permiten al sistema conocer cualquier variación en el peso de la cabina.

Este método electrónico de medición es altamente confiable y la teoría que lo respalda existe desde 1843 gracias al físico inglés Sir Charles Wheatstone. Las bondades del método sumadas a los avances tecnológicos en dispositivos electrónicos de las últimas décadas hicieron que esta forma de medir peso pasara a ser la más popularmente utilizada en grúas, básculas, análisis de estrés de estructuras, medidores dinamométricos, pesaje de tanques cisterna, balanzas comerciales, etc.

Instalación. La instalación del equipo consiste en 1)fijar las celdas de carga y conectarlas al equipo en el techo de la cabina; 2) hacer las conexiones eléctricas externas; 3) configurar el equipo; 4)opcionalmente instalar el display luminoso en cabina y/o parlante. En consecuencia el trabajo mecánico es sencillo y consiste únicamente en abulonar las celdas de carga. No es necesario desarmar el amarre de los cables de tracción ni suspender la cabina con aparejo.

Una vez encendido el equipo éste ofrece al instalador un menú guía por una secuencia de 4 pasos de configuración base: balance del sistema de medición, ajuste inicial de cero, calibración en kilogramos y niveles de alarma. Los valores seleccionados quedan salvaguardados en memoria no volátil y podrán ser modificados por el instalador cuando éste lo desee.

Al momento de la instalación la alarma 1, que es la de sobrepeso, se fija en el valor de carga máxima y uno de sus dos juegos de contactos se utiliza para impedir el arranque del ascensor en caso de sobrepeso. Comúnmente se usa para interrumpir el circuito de seguridad de puertas con el contacto NC (normal cerrado) o se envía una indicación al control de maniobras utilizando el contacto NA (normal abierto).

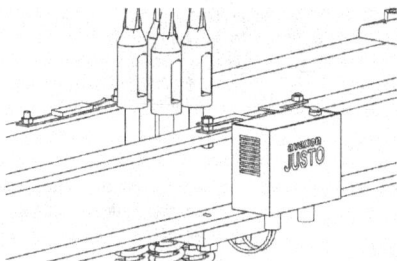

Vemos en la fig nº 25, la instalación ya terminada de un pesador de cargas.

Funcionamiento normal. Ya en funcionamiento, la misión elemental del equipo será actuar cada relé de alarma en caso que el peso en cabina supere el nivel respectivo prefijado por el instalador.

Inhibición o bloqueo de pesaje.

Cuando la cabina ha emprendido un viaje, ésta sufre aceleraciones y desaceleraciones ya sean propias de la maniobra o espúreas debido al rozamiento con las guías y cerraduras de piso. Por lo tanto durante el viaje las mediciones de pesaje de la cabina y su carga son irrelevantes y deben ser desatendidas para evitar, por ejemplo, una activación falaz de la alarma de sobrepeso. A tal fin el equipo debe bloquear el pesaje mientras se encuentra en viaje. Para ello dispone de una entrada lógica que puede activarse por contacto seco o por tensión dentro de un amplio margen (ver especificaciones). Comúnmente se conecta aquí el retorno de la cerradura de la puerta de cabina o se utiliza un contacto en desuso de esta misma cerradura. El efecto logrado es que el sistema realiza mediciones de peso y actúa las alarmas únicamente si la cabina se encuentra detenida en planta con puerta abierta; pero cuando se cierra la puerta para emprender un viaje la entrada de inhibición se activa y el equipo retiene el peso tomado un instante antes que se cerrara la puerta.

Dado que el bloqueo de peso casi siempre se vincula al circuito de puertas, por seguridad esta entrada de inhibición se encuentra acoplada ópticamente al resto del circuito, lo que le confiere una tensión de aislación pico de 7500VAC (norma VDE 0884) respecto de cualquier otra fuente de energía proveniente del equipo.

Autocalibración.

El equipo cumple permanentemente una rutina de chequeo para detectar cuando la cabina ha permanecido quieta en planta sin carga real por un tiempo prolongado. Cuando encuentra estas situaciones procede a recalibrar automáticamente su nivel de cero o tara, con el fin de conservar la exactitud de las mediciones a lo largo del tiempo. Como todo sistema de pesaje, este equipo también necesita estas recalibraciones periódicas de largo plazo por dos motivos: para cancelar errores por deriva temporal del sistema de medición y para asimilar cambios en la cabina, por ejemplo cambio del piso, revestimiento, agregado de un nuevo cable de comandos, etc.

Interfase usuario.

El aparato consta de un conjunto de elementos denominados "de entrada/salida" que son el medio de diálogo con el instalador en el momento de la instalación. Retirando la cubierta del aparato se puede observar los siguientes elementos en la zona central del circuito, de acuerdo a la figura 7. Un display de tres dígitos muestra la información que el equipo deba comunicar al usuario, por ejemplo pesaje en kilogramos, nivel de alarmas, etc. Un juego de 3 botones posibilita al instalador modificar ciertos parámetros o navegar por el menú de instalación. Estos botones tienen dos niveles de significado, a saber: "Intro / Esc" rige cuando el equipo espera una respuesta de confirmación / cancelación por parte del usuario; y "△/▽" cuando el instalador deba elegir algún parámetro numérico.

En tercer lugar un potenciómetro de ajuste a tornillo -preset que sirve de desplazador del sistema de medición tal como se verá más adelante. (Textos y dibujos técnicos, gentileza Avaxon Justo SRL)

Barreras infrarrojas de seguridad.

Las barreras infrarrojas, deben ser colocadas en todos los sistemas de puertas automáticas de un ascensor o montacargas.

La gran confiabilidad de estos sistemas, permite que en el momento de cierre de las puertas y cuando es interrumpido sus haces entre la barrera emisora y receptora por alguna persona o obstáculo, determine instantáneamente una señal al operador de puertas, para su inmediata apertura.

Generalmente los fabricantes nacionales de controladores electrónicos de ascensores, realizan estos sistemas confiables y seguros para la protección del pasajero.

La BIM A2170 es una barrera infrarroja, formada por 2 barras, una emisora y una receptora, que permiten detectar personas u objetos pequeños entre las puertas del ascensor, hasta 1,2m ó 3m de apertura.

Vemos en la fig nº 26, la disposición de las barreras infrarrojas en las puertas automáticas.

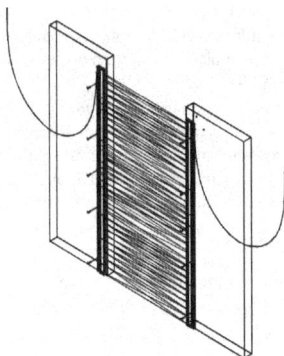

Al detectar la interrupción de alguno de los haces establecidos entrega una señal para ordenar la reapertura de la puerta.

Las características principales son:

- Amplio rango de alimentación.
- Señalización del estado de la barrera.
- Resistente al polvo y líquidos.
- Alta inmunidad a la luz ambiente y artificial.
- Anulación de haces programable.
- Conexión directa con 4 m de cable a control electrónico.

Funcionamiento:

En modo normal el Led de Estado parpadea 1 vez por segundo indicando funcionamiento correcto. Al interrumpir uno o más haces la salida se activa inmediatamente y el Led de Estado parpadea 2 veces indicando haz cortado.

Con el modo anulación de haces habilitado, si un haz permanece cortado por más de 10 segundos y sus haces adyacentes no, el mismo es anulado. El Led de Estado pasa a indicar esta condición parpadeando 5 veces.

Pueden ser anulados hasta 5 haces no consecutivos. Si se corta algún haz adyacente a otro ya anulado, el primero no se anula y esta condición se indica parpadeando 6 veces.

Si alguno de los haces anulados vuelve a estar presente no se lo considera inmediatamente como activo sino que debe permanecer sin interrupciones por más de 1 minuto, esto permite que la barrera no afecte al funcionamiento del ascensor cuando por algún motivo (suciedad, vandalismo, desalineación) un haz se interrumpe en forma intermitente.

Especificaciones técnicas:

Perfiles de aluminio anodizado color negro

32 haces infrarrojos directos. 94 haces entrecruzados.

Altura del haz inferior:	29 mm
Altura del haz superior:	1,76 m

Apertura máxima:	1,20 m (A2170C) ó 3,00m (A2170CE)
Peso:	2,5 Kg
Tensión de alimentación:	16 a 24 Vcc
Consumo máximo:	130 mAcc
Grado de protección	IP54

Salida: Haz cortado / barrera sin alimentar: Contacto: NC 0,4 A / 50 Vcc, 0,2 A / 110 Vac Máx 12,5 W

Estado Normal (sin haces cortados):   Circuito abierto.

(Textos y dibujo gentileza Automac SA)

CARLOS F. TEDESCO

CAPÍTULO II

Variadores de Velocidad por Frecuencia y Voltaje
V.V.V.F. (voltaje variable y frecuencia)

El variador de velocidad por frecuencia y voltaje, ha revolucionado la técnica del manejo de motores de corriente alterna, simplificando el funcionamiento en procesos industriales continuos, terminales de auto- partes, transportadoras de productos en cintas, prensas mecánicas, balancines, pozos petrolíferos entre otros y ascensores.

También llamado inverter, lo mencionaremos frecuentemente como "variador" de velocidad realizando un relato lo más entendible posible, ya que aplicaremos y estudiaremos traducciones al castellano de opiniones diferentes sobre el funcionamiento del variador, aportando por el autor, experiencias de instalación y funcionamiento que suavizará el alto lenguaje técnico y esperando que la comprensión del lector, sea la más amplia posible.

Estudiar y entender el comportamiento de un variador de velocidad es realmente apasionante.

Como escritor técnico, es quizás el mayor desafío de discernir tesis sobre el funcionamiento de este extraordinario componente electrónico.

Aquí el lector encontrará desde el comienzo, términos técnicos que el autor luego de finalizado cada relato en donde estén incluidas siglas en inglés que componen o son parte del funcionamiento del variador, puedan ser explicadas de inmediato para conocer además de la terminología, la aplicación dada en el variador de velocidad.

La intención primordial del autor, es que se entienda y apliquen conocimientos de alta capacidad técnica, que llegue a los universitarios, técnicos e idóneos, pues es así de esta manera, es que una nación desarrolla y pone de manifiesto todo su poder tecnológico e intelectual, abriendo además nuevas fuentes de trabajo, derecho inalienable en todo ser humano de bien, teniendo el autor toda la libertad de opinión técnica que puede ser discutida o aprobada, pero que en definitiva su opinión traducida en palabras, NO está comprometida con ningún ente privado, corporación o fabricante alguno actual.

Funcionamiento

Para comprender el funcionamiento de una variador de velocidad, comenzaremos diciendo que está constituido en 4 etapas.

Esas etapas son:

La rectificadora ya que convierte la tensión alterna a continua mediante rectificadores y tiristores.

La etapa intermedia que filtra y suaviza la tensión rectificada, reduciendo en forma significativa la emisión de armónicos.

Etapa inversora que convierte la tensión y frecuencia variable mediante la generación de pulsos. (PMW).

Etapa de control que controla los IGBT para generar los pulsos variables de tensión y frecuencia.

Además controla los parámetros externos en general, etc. Los variadores mas utilizados utilizan modulación PWM (Modulación de Ancho de Pulsos) y usan en la etapa rectificadora puente de diodos rectificadores. En la etapa intermedia se usan condensadores y bobinas para disminuir las armónicas y mejorar el factor de potencia.

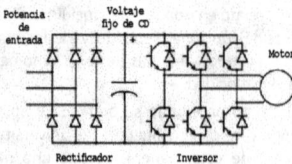

Fig nº 27, la configuración de un variador, con PWM.

Las características del motor CA requieren la variación proporcional del voltaje cada vez que la frecuencia es variada. Por ejemplo, si un motor está diseñado para trabajar a 460 voltios a 60 Hz, el voltaje aplicado debe reducirse a 230 volts cuando la frecuencia es reducida a 30 Hz. Así la relación voltios/hertzios deben ser regulados en un valor constante (460/60 = 7.67 V/Hz en este caso). Para un funcionamiento óptimo, otros ajustes de voltaje son necesarios, pero nominalmente la constante es V/Hz, la regla general. El método más novedoso y extendido en nuevas aplicaciones es el control de voltaje por PWM.El Inversor o Inverter convierte la tensión continua de la etapa intermedia en una tensión de frecuencia y tensión variables. Los IGBT envían pulsos de duración variable y se obtiene una corriente casi senoidal en el motor.La frecuencia portadora de los IGBT se encuentra entre 2 a 16kHz. Una portadora con alta frecuencia reduce el ruido acústico del motor pero disminuye el rendimiento del motor y la longitud permisible del cable hacia el motor. Por otra parte, los IGBT´s generan mayor calor.

Las señales de control para arranque, parada y variación de velocidad (potenciómetro o señales externas de referencia) estén aisladas galvánicamente para evitar daños en sensores o controles y evitar ruidos en la etapa de control.

PWM: Por sus siglas en inglés significa modulación por anchura de pulsos (pulse–width modulation) .

La modulación por anchura de pulsos, es la que modifica el ciclo de trabajo de una señal periódica que varía la velocidad de un motor.

Cuanto más tiempo quede o pase la señal en estado alto, mayor será la velocidad de un motor, manteniendo además el par motor constante.

(par: momento de máximo esfuerzo del motor).

IGBT: Transistores bipolares de puerta aislada. (Isolated Gate Transistors Bipolar).

Los IGBT, generan los pulsos controlados de tensión.

Un motor de corriente alterna trabaja siempre a su velocidad nominal, es decir que al recibir la tensión de línea directa, sus revoluciones por minuto serán constantes.

Es entonces que el variador de velocidad, regula la frecuencia del voltaje, logrando que el motor modifique su velocidad.

Junto con el cambio de frecuencia, debe aplicarse al motor variación de voltaje para evitar que el flujo magnético con elevada corriente, lo afecte.

Un motor para ser controlado por voltaje y frecuencia en el caso de un ascensor, puede ser el mismo de la instalación actual, es decir que puede aprovecharse el mismo motor en donde si es de una velocidad su conexión con el variador estará ligada a la caja de borneras única, mientras que si el motor es de 2 velocidades se anulará la bornera de la baja velocidad y la única que será conectada al variador será la de alta velocidad.

Como comentamos anteriormente en la Consideraciones Especiales de modernización, se tendrán que tomar los recaudos en cuanto al buen funcionamiento eléctrico y mecánico del motor usado.

Vemos en la fig nº 28, un motor trifásico de más de 35 años de uso, acoplado a una máquina de ascensor, en donde se le realizó previamente la construcción de nuevos bujes, y megado de la aislación de su bobinado, antes de ser conectado a un variador a lazo abierto.

Es necesario para una mejor comprensión, conocer algunos términos básicos que desde aquí se emplearan:

Señal de salida: es la variable que se desea controlar (posición, velocidad, presión, temperatura, etc.). También se denomina variable controlada.

Señal de referencia: es el valor que se desea que alcance la señal de salida.

Error: diferencia entre la señal de referencia y la señal de salida real.

Señal de control: es la señal que produce el controlador para modificar la variable controlada de tal forma que se disminuya, o elimine, el error.

Señal análoga: es una señal continua en el tiempo.

Señal digital: es una señal que sólo toma valores de 1 y 0. El PC sólo envía y/o recibe señales digitales.

Conversor análogo/digital: es un dispositivo que convierte una señal analógica en una señal digital (1 y 0).

Conversor digital/análogo: es un dispositivo que convierte una señal digital en una señal analógica (corriente o voltaje).

Planta: es el elemento físico que se desea controlar. Planta puede ser: un motor, un horno, un sistema de disparo, un sistema de navegación, un tanque de combustible, etc.

Proceso: operación que conduce a un resultado determinado.

Sistema: consiste en un conjunto de elementos que actúan coordinadamente para realizar un objetivo determinado.

Perturbación: es una señal que tiende a afectar la salida del sistema, desviándola del valor deseado.

Sensor: es un dispositivo que convierte el valor de una magnitud física (presión, flujo, temperatura, etc.) en una señal eléctrica codificada ya sea en forma analógica o digital. También es llamado transductor. Los sensores, o transductores, analógicos envían, por lo regular, señales normalizadas de 0 a 5 voltios, 0 a 10 voltios o 4 a 20 mA.

Sistema de control en lazo cerrado: es aquel en el cual continuamente se está monitoreando la señal de salida para compararla con la señal de referencia y calcular la señal de error, la cual a su vez es aplicada al controlador para generar la señal de control y tratar de llevar la señal de salida al valor deseado. También es llamado control realimentado.

Sistema de control en lazo abierto: en estos sistemas de control la señal de salida no es monitoreada para generar una señal de control. En la próxima lección veremos cómo se implementan los algoritmos de control, detallando las ecuaciones que permiten "calcular" cuál es el control adecuado para cada caso.

La velocidad de sincronismo de un motor de corriente alterna, está dada por la frecuencia de entrada de fuerza motriz (380 vca) y la cantidad de polos en el estator de forma a la ecuación siguiente:

$$N = \frac{120 \times f}{P}$$

En donde N son las RPM, F frecuencia de alimentación en CA (herzios) y P la cantidad de números de pares de polos por fase del motor.

La constante de 120 es de 60 segundos por minuto, multiplicado por 2 polos por par de polos.

Es entonces que se utiliza 60 veces como la constante y P es declarado como pares de polos en lugar de los polos.

Variando la frecuencia de la tensión aplicada, el motor puede cambiar de velocidad.

Tomemos un ejemplo de un motor monofásico de 4 polos tendrá un velocidad sincrónica de 1800 RPM, pero también un motor trifásico de 12 polos tendrá también 1800 RPM, ya que habrá 4 polos por fase

Ejemplo:

$$\frac{120 \times 60}{4} = 1800 \text{ RPM.}$$

Ahora bien, si un motor está conectado a un variador que le proporcionamos 50 hz, la velocidad será de 1500 RPM donde:

$$\frac{120 \times 50}{4} = 1500 \text{ rpm.}$$

El estudio del arranque de los motores tiene una gran importancia práctica, ya que la elección correcta de las características de los motores eléctricos y arrancadores a instalar están basados en el conocimiento de las particularidades de éste régimen transitorio.

Recordemos que el comportamiento dinámico del conjunto motor-maquina accionada está regido por la siguiente ecuación diferencial:

$$Tm - Tr = J \cdot dw / dt$$

Donde Tm es el par motor, Tr el par resistente, J es el momento de inercia del conjunto motor -maquina accionada y dw es la velocidad angular de dicho conjunto.

Por lo tanto, para que el conjunto comience a girar se necesita que el par motor supere al par resistente, de manera de generar una aceleración angular de arranque. El proceso de arranque finaliza cuando se equilibra el par motor con el par resistente, estabilizándose la velocidad de giro del motor.

Funcionamiento a par constante

Se denomina funcionamiento a par constante cuando las características de la carga son tales, que, en régimen permanente, el par solicitado es sensiblemente constante sea cual sea la velocidad.

Este modo de funcionamiento se utiliza por ejemplo en las cintas transportadoras y en las amasadoras. Para este tipo de aplicaciones, el variador debe tener la capacidad de proporcionar un par de arranque importante (1,5 veces o más el par nominal) para vencer los rozamientos estáticos y para acelerar la máquina (inercia).

Funcionamiento a par variable (ascensores)

Se denomina funcionamiento a par variable cuando las características de la carga son tales que en régimen permanente, el par solicitado varía con la velocidad. Es en concreto el caso de las bombas volumétricas con tornillo de Arquímedes cuyo par crece linealmente con la velocidad o las máquinas centrífugas (bombas de agua, ascensores y ventiladores) cuyo par varía con el cuadrado de la velocidad.

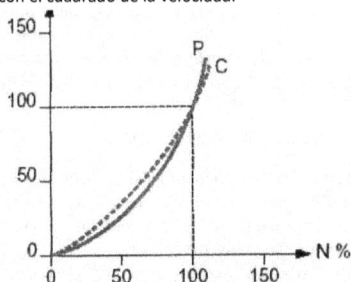

Fig nº 29, vemos la curva de par variable.

Para un variador destinado a este tipo de aplicaciones, es suficiente un par de arranque mucho menor (en general 1,2 veces el par nominal del motor). Muy frecuentemente dispone de funciones complementarias como la posibilidad de omitir las frecuencias de resonancia correspondientes a las vibraciones indeseables de la máquina. Es imposible funcionar más allá de la frecuencia nominal de la máquina porque sería una carga insoportable para el motor y el variador.

Funcionamiento a potencia constante

Es un caso particular del par variable. Se denomina funcionamiento a potencia constante cuando el motor proporciona un par inversamente proporcional a la velocidad angular..

Es el caso, por ejemplo, de una enrolladora cuya velocidad angular debe disminuir poco a poco a medida que aumenta el diámetro de la bobina por acumulación de material. Es también el caso de los motores de uso de las máquinas herramienta.

El margen de funcionamiento a potencia constante es por definición limitado: a baja velocidad, por la corriente proporcionada por el variador, y a gran velocidad, por el par disponible del motor. En consecuencia, el par motor disponible con los motores asíncronos y la capacidad de conmutación de las máquinas de corriente continua deben ser comprobados.

Principales modos de funcionamiento

Los variadores de velocidad pueden, según el convertidor electrónico, o hacer funcionar un motor en un solo sentido de rotación, y se llaman «unidireccionales», o en los dos sentidos de la marcha, y se llaman entonces «bidireccionales». (ascensores)

Los variadores son «reversibles» cuando pueden recuperar la energía del motor al funcionar como generador (modo frenado). La reversibilidad se obtiene o retornando la energía hacia la red (puente de entrada reversible), o disipando la energía recuperada en una resistencia con un chopper de frenado.

Hay que indicar que cuando la máquina funciona como generador recibe una fuerza de arrastre. Este estado se utiliza especialmente para el frenado. La energía cinética disponible en el eje de la máquina, o se transfiere a la red de alimentación, o se disipa en las resistencias, o, para pequeñas potencias, en la misma máquina, como pérdidas.

Componentes de Potencia

Los componentes de potencia (fig nº 1-28) son semiconductores que funcionan en «todo o nada», comparables, por tanto, a los interruptores estáticos que pueden tomar dos estados: abierto o cerrado.

Estos componentes, integrados en un módulo de potencia, constituyen un convertidor que alimenta, a partir de la red a tensión y frecuencia fijas, un motor eléctrico con una tensión y/o frecuencia variables. Los componentes de potencia son la clave de la variación de velocidad y los progresos realizados estos últimos años han permitido la fabricación de variadores de velocidad económicos.

Los elementos semiconductores, tales como el silicio, tienen una resistividad que se sitúa entre los conductores y los aislantes. Sus átomos poseen 4 electrones periféricos. Cada átomo se asocia con 4 átomos próximos para formar una estructura estable con 8 electrones.

Un semiconductor de tipo P se obtiene añadiendo al silicio puro una pequeña cantidad de un elemento que posea 3 electrones periféricos. Le falta, por tanto, un electrón para formar una estructura de 8 electrones, lo que se convierte en un exceso de carga positiva.

Un semiconductor de tipo N se obtiene añadiendo un elemento que posea 5 electrones periféricos. Por tanto, hay un exceso de electrones, es decir, exceso de carga negativa

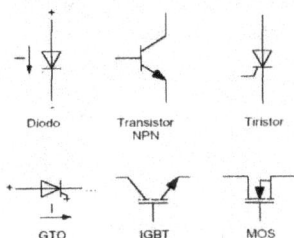

Fig Nº 30, componentes de potencia.

Rectificador controlado en motor de corriente continua

Proporciona, a partir de una red de corriente alterna monofásica o trifásica, una corriente continua con control del valor medio de la tensión. (scr)

SCR - Rectificador controlado de silicio. símbolo, estructura y funcionamiento básico.

El **SCR** es un dispositivo **semiconductor** de 4 capas que funciona como un conmutador casi ideal.

El símbolo y estructura del SCR son:

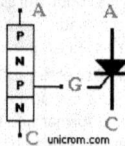

Analizando los diagramas: A = ánodo, G = compuerta o Gate, C = K = cátodo

Funcionamiento básico del SCR

El siguiente gráfico muestra un circuito equivalente del SCR para comprender su funcionamiento.

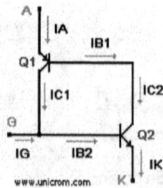

Fig nº 31

Al aplicarse una corriente IG al terminal G (base de Q2 y colector de Q1), se producen dos corrientes: IC2 = IB1.

IB1 es la corriente base del transistor Q1 y causa que exista una corriente de colector de Q1 (IC1) que a su vez alimenta la base del transistor Q2 (IB2), este a su vez causa más corriente en IC2, que es lo mismos que IB1 en la base de Q1.

Este proceso regenerativo se repite hasta saturar Q1 y Q2 causando el encendido del **SCR.**

Los semiconductores de potencia constituyen un puente de Graëtz, monofásico o trifásico (fig nº 31).

El puente puede ser mixto (diodos / tiristores) o completo (sólo tiristores). Esta última solución es la más frecuente porque permite un mejor factor de forma de la corriente suministrada.

El motor de corriente continua más utilizado tiene la excitación separada, salvo para pequeñas potencias, en las que suelen usarse frecuentemente motores de imán permanente.

La utilización de este tipo de variadores de velocidad se adapta bien a todas las aplicaciones. Los únicos límites vienen impuestos por el propio motor de corriente continua, en especial por la dificultad de conseguir velocidades elevadas y la necesidad de mantenimiento (sustitución de las escobillas).

Los motores de corriente continua y sus variadores asociados han sido las primeras soluciones industriales. Después de más de una década, su uso va en constante disminución en beneficio de los convertidores de frecuencia.

En efecto, el motor asíncrono es a la vez más robusto y más económico que un motor de corriente continua. Contrariamente a los motores de corriente continua, los asíncronos se han estandarizado con envolvente IP55, siendo por tanto prácticamente insensibles al entorno (goteo, polvo y ambientes peligrosos).

Convertidor de frecuencia para motor asincrónico

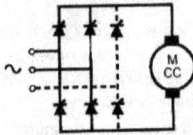

Suministra, a partir de una red de corriente alterna de frecuencia fija, una tensión alterna trifásica, de valor eficaz y frecuencia variables (fig nº 32.)

La alimentación del variador puede ser monofásica para pequeñas potencias (orden de magnitud de algunos kW) y trifásica para los mayores. Ciertos variadores de pequeña potencia aceptan indistintamente tensiones de alimentaciones mono y trifásicas. La tensión de salida del variador es siempre trifásica.

Los convertidores de frecuencia alimentan los motores de jaula estándar con todas las ventajas de estos motores: estandarización, bajo costo, robustez, estanqueidad, ningún mantenimiento. Puesto que estos motores son auto-ventilados, el único límite para su empleo es el funcionamiento a baja velocidad porque se reduce esta ventilación. Si se requiere este funcionamiento hay que prever un motor especial con una ventilación forzada independiente

Fig nº 33, diagrama en bloques de un variador

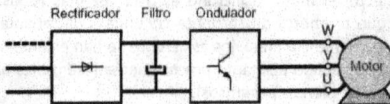

Los variadores de velocidad son dispositivos electrónicos que permiten variar la velocidad y la cupla de los motores asincrónicos trifásicos, convirtiendo las magnitudes fijas de frecuencia y tensión de red en magnitudes variables.

Se utilizan estos equipos cuando las necesidades de la aplicación sean:

- Dominio de par y la velocidad(ascensores)

- Regulación sin golpes mecánicos (cintas)

- Movimientos complejos

- Mecánica delicada

Problemas que surgen en el arranque de motores asíncronos.

• El pico de corriente en el arranque puede perturbar el funcionamiento de otros aparatos conectados a la red.

• Las sacudidas mecánicas que se producen durante los arranques y las paradas pueden ser inaceptables para la máquina así como para la seguridad y comodidad de los usuarios.

• Funcionamiento a velocidad constante.

Los variadores de velocidad electrónicos eliminan estos inconvenientes. Adecuados para motores de corriente tanto alterna como continua, garantizan la aceleración y deceleración progresivas y permiten adaptar la velocidad a las condiciones de explotación de forma muy precisa. Según la clase del motor, se emplean variados de tipo rectificador controlado, convertidor de frecuencia o regulador de tensión.

Factores a tener en cuenta a la hora de diseñar un sistema de regulación de velocidad.

a) Límites o gama de regulación.

b) Progresividad o flexibilidad de regulación.

c) Estabilidad de funcionamiento a una velocidad dada.

d) Sentido de la regulación (aumento o disminución con respecto a la velocidad nominal).(ascensores)

e) Carga admisible a las diferentes velocidades.

f) Tipo de carga (par constante, potencia constante, etcétera).

g) Condiciones de arranque y frenado.

I) Condiciones ambientales (temperatura, humedad, etc.)

j) Tipo de motor (potencia, corriente, voltaje, etc.).

k) Rangos de funcionamiento (vel. máx., mín.)

l) Aplicación mono o multimotor.

m) Consideraciones de la red (micro-interrupciones, fluctuaciones, detención, armónicas, factor de potencia, corriente de línea disponible).

Resistencia de frenado

Una vez que el convertidor calcula que la resistencia ha disipado la energía permitida por su ciclo de trabajo, el convertidor limitará la disipación al valor programado en el parámetro. Por ejemplo, con Parámetro xxxx (5% duty cycle) luego de 12 segundos al 100% de carga, la potencia enviada a la resistencia será entonces reducida al 5%, según la limitación del ciclo de trabajo.

Si la potencia a disipar fuera del 50% de la nominal, la limitación al 5% ocurrirá luego de 24 seg. Un mensaje de aviso indicará cuando la potencia alcance el 95% por 10 seg (o 42% por 20seg), antes de que actúe la limitación del ciclo de trabajo. Bajo condiciones de frenado continuo de alta potencia, si el parámetro es seteado en valores bajos, pueden aparecer mensajes de alarma y limitar la capacidad de frenado.

Si la condición del frenado continúa, el variador puede presentar una falla y salir de servicio, perdiendo la posibilidad de frenar la carga.

En este caso, es importante seleccionar el valor de potencia correcto para la resistencia o asegurar que la señal de alarma accione un freno de seguridad mecánico.

Alternativamente, gracias a la tecnología , es posible configurar un nivel de tensión ajustable (mayor a la tensión normal de operación del "chopper" de freno y menor al nivel máximo de alarma) para operar un relé del freno de seguridad.

El frenado dinámico es eficaz para detener cargas de elevada inercia, pero se debe tener en cuenta que el valor máximo de la potencia de frenado está limitado al 100% del valor de potencia nominal del convertidor.

Por último, cabe destacar que la energía cinética acumulada, debido a la inercia del motor y la carga, debe ser disipada durante el frenado. Esta es enviada desde el motor, que actúa como generador, hacia el convertidor, mientras reduce su frecuencia (velocidad) de salida.

Chopeer: Interruptor electrónico que interrumpe una señal, bajo el control de otra.

El método consiste en conectar una resistencia calculada en el bus de corriente contínua del variador.

Entre la resistencia de frenado y el terminal negativo del bus de contínua, está situado internamente un transistor de potencia (IGBT).

Este transistor se encarga de conectar y desconectar la resistencia de modo periódico para disipar la energía.

Todo este proceso de frenado resistivo, es supervisado por el variador, el que modifica los tiempos de conexión y desconexión de la resistencia en función de la energía a disipar.

Frenado regenerativo.

Este método es transformar la energía de salida de la etapa de contínua, disipada en forma normal en la resistencia de frenado, para devolverla a la red de alimentación, de forma que esta energía no se pierda en forma de calor, sino que pueda ser usada por otros dispositivos eléctricos.

Este sistema es más complejo que el frenado resistivo, ya que es necesario la colocación de otro variador adicional o sea el del motor y el otro que se conecta a la red y diversos accesorios encargados de acondicionare la onda de tensión (bucle) de salida del equipo que son: filtros, contactores de potencia y varistores.

En el caso del segundo variador que funciona en modo regenerativo, el puente IGBT se utiliza como rectificador sinusoidal, encargándose de transformar el voltaje del bus de corriente continua en voltaje sinusoidal de frecuencia y tensión igual a la red.

Este estudio traducido al castellano, no indica ni aclara que dispositivos eléctricos ni como, pueden ser usados con el segundo variador regenerativo.

Los IGBT.

El transistor bipolar de puerta aislada (IGBT, del inglés *Insulated Gate Bipolar Transistor*) es un dispositivo semiconductor que generalmente se aplica como interruptor controlado en circuitos de electrónica de potencia. Este dispositivo posee la características de las señales de puerta de los transistores de efecto campo con la capacidad de alta corriente y voltaje de baja saturación del transistor bipolar, combinando una puerta aislada FET para la entrada de control y un transistor bipolar como interruptor en un solo dispositivo. El circuito de excitación del IGBT es como el del MOSFET, mientras que las características de conducción son como las del BJT. Los transistores IGBT han permitido desarrollos que no habían sido viables hasta entonces, en particular en los Variadores de frecuencia así como en las aplicaciones en maquinas eléctricas y convertidores de potencia que nos acompañan cada día y por todas partes, sin que seamos particularmente conscientes de eso: automóvil, tren, metro,

Fig nº 1- 34: vemos la composición por secciones de un IGBT.

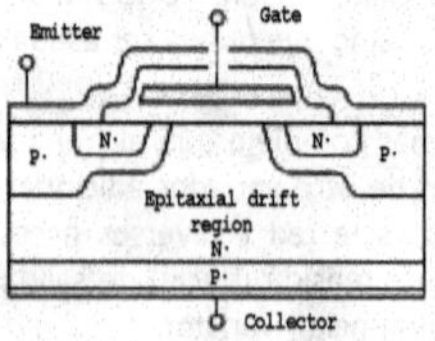

El tiempo de disparo está definido como el tiempo transcurrido entre el nivel de 10% del voltaje pico hasta el 90% del voltaje pico.

El tiempo de disparo está determinado por las características del circuito de disparo del inversor como circuitos de amortiguamiento (snubbers), resistencia interna, inductancia y capacitancia de los componentes.

IGBT de tercera generación tienen tiempos de disparo de 0.1 µs, mientras que los IGBT de primera generación tienen tiempos de 0.25 µs .

(Snubber)

Las redes snubber se utilizan para proteger los elementos activos de conmutación (MOSFET, IGBT, TRIAC etc.) de las sobre tensiones producidas por una carga inductiva. Al ser una red de protección esta se coloca en paralelo con el elemento de conmutación.

CARÁCTERÍSTICAS DE CONMUTACIÓN

El encendido es análogo al del MOS, en el apagado destaca la corriente de "cola":

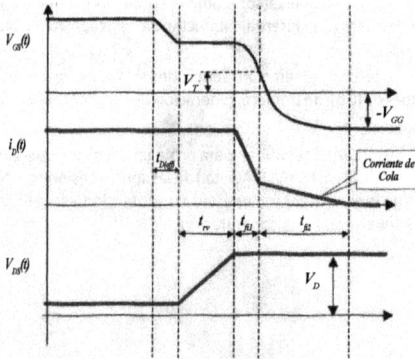

Formas de Onsa Carácterísticas de la Tensión y Corriente en el Apagado de un Transistor IGBT conmutando una carga inductiva (no comienza a bajar I_d hasta que no sube completamente V_d)

- La corriente de cola se deba a la conmutación más lenta del *BJT*, debido a la carga almacenada en su base (huecos en la región n^-).

- Provoca pérdidas importantes (correitne relativamente alta y tensión muy elevada) y limita la frecuencia de funcionamiento.

- La corriente de cola, al estar compuesta por huecos que circulan por la resistencia de dispersión, es la causa del "latch up" dinámico.

- Se puede acelerar la conmutación del BJT disminuyendo la vida media de los huecos en dicha capa (creando centro de recombinación). Tiene el inconveniente de producir más pérdidas en conducción. $\Rightarrow$ Es necesario un compromiso.

- En los *PT-IGBT* la capa n^+ se puede construir con una vida media corta y la n^- con una vida media larga, así el exceso de huecos en n^- se difunde hacia la capa n^+ dónde se recombinan (efecto sumidero), disminuyendo más rápido la corriente.

Fig nº 35, Podemos apreciar un IGBT, con sus características de funcionamiento, y su modulo semi-puente, para manejar altos voltajes y tensiones.

Como podrá imaginarse el lector, la importancia de colocar resistencia de frenado ya que no será el IGBT, el principal afectado sino que las placas electrónicas del variador, o sea la inteligencia matemática, quedará totalmente inutilizada, por lo que éste no servirá más.

Por otra parte, siempre es necesario la revisión de los conductores de la resistencia y su correcta presión de conexión sobre la tornillería de ajuste de los terminales de los conductores, ya que de esta forma se evitarán recalentamientos peligrosos sobre ese circuito.

Vemos en la fig nº 36 una máquina de ascensor

Controlada por variador de velocidad a lazo cerrado, apreciando sobre la derecha de la tecno-foto, el tacómetro que está colocado a un costado de la turbina de forzador de aire, cuya transmisión se realiza desde el eje del motor al tacómetro a través de una correa.

Vibración del motor.

Una consecuencia típica de la aplicación de variadores de frecuencia es la resonancia

Generalmente todas las máquinas (bombas, compresores, ascensores.) están diseñadas tomando en cuenta la resonancia

Sin embargo, cuando se acoplan a otras máquinas su frecuencia natural disminuye y el riesgo de resonancia aumenta

La excesiva vibración puede ocasionar fatiga en los pernos de soporte, rodamientos y también en el propio bobinado fracturando el aislamiento.

Se puede aumentar la frecuencia natural del sistema aumentando su masa, pero también se pueden programar frecuencias de by pass en el variador para evitar trabajar a estas frecuencias, logrando silenciar o disminuir estas resonancias.

Emisión radiada

Para prevenir la propagación de emisiones radiadas los componentes del variador deben formar parte de una caja de Faraday contra emisión de radiaciones

Algunos métodos para asegurar la continuidad de una caja de Faraday son:

Gabinete metálico con un buen contacto entre todas sus partes

Cableado.

Usar cables apantallados para fuerza y control por rutas separadas. (enmallados)

Emplear conexiones de tierra de alta frecuencia.

Emplear si es posible cables trenzados

Los variadores por lo general, son inmunes a las Emisiones electromagnéticas, de lo contrario serían afectados por ellos mismos, situación que no sucede.

Tipos de variadores para ascensores.

A la hora de elección de un variador de velocidad para un motor de ascensor, deben tenerse en cuenta factores **muy importantes** de calidad y prestación de un variador.

Un motor de ascensor usado requiere de varias respuestas para que un variador de ascensor funcione correctamente.

Los datos más sobresalientes a tener en cuenta en un motor usado son:

Números de pares de polos

Factor de potencia.

R.P.M.

Potencia absorbida a plena carga.

Pérdida de potencia por rotación.

Deslizamiento relativo.

Potencia electromagnética.

Par útil.

Ia. a plena carga

Pérdida de potencia por rotación.

Cos§.

Como podrán apreciar, si no conocemos todos estos datos, la elección de un variador se nos pondrá difícil puesto que los factores de funcionamiento posterior agravará esta situación, por lo que siempre es recomendable, máxima exactitud de los datos y que el distribuidor o fabricante, parametrize el variador previamente si es que no se tiene un conocimiento razonable de este componente.

En ascensores con velocidad hasta 60 m.p.m, (1 metro por segundo), los controles por variador a lazo abierto en cargas mínimas o medianas de 300 kgs (4 personas) y las rampas de deceleración que produce un variador, son bien controladas ya que en función de carga y velocidad del par útil del motor, el variador controla todos estas magnitudes.

Ahora bien, cuando son superadas esas cargas en grandes montacargas, monta-camillas u otro elevador destinado al servicio pesado, los factores de deslizamiento en las rampas de deceleración suele complicarse en demasía, ya que un elevador descendiendo a plena velocidad y carga, debe de tomar una desaceleración previa a la parada.

Es decir que cuando el controlador electrónico recibe el pulso del inductor, se produce el llamado efecto de **"planeo"** que tanto el motor como el variador deben asimilar y es entonces que si el variador no tiene la suficiente respuesta de control porque no se realizó el cálculo adecuado de elección, los parámetros no serán suficientes porque no se ha "sobredimensionado" la potencia necesaria del variador.

En ascensores con cargas complejas e instalaciones antiguas de gran porte, no es recomendable instalar un variador de 10 HP, para un motor de 10 HP.

Porqué, porque simplemente no hay "RESTO", y en caso que el motor supere parámetros máximos de potencia, deslizamiento, intensidad y voltaje que están pre- cargados en el variador, el funcionamiento del ascensor será muy inestable.

Siempre es conveniente sobredimensionar el variador de velocidad QUE SUPERE AL MOTOR en 2 HP.

Es entonces que la parametrización del variador en potencia será más holgada y consiguientemente las rampas podrán controlarse con más precisión.

No nos olvidemos que en el momento de que un controlador electrónico de ascensor recibe la orden de partir, es el VARIADOR, que asume el CONTROL TOTAL DEL MOTOR, y que por sus cálculos matemáticos del cual fue diseñado, dará la respuesta de marcha según su creencia en que y como controlará a un motor de la características de potencia para las que fue asignado.

Salvo que se adquiera un motor nuevo especial para variador, de los cuales son de excelente calidad, pero no están equipados con bujes por la cual se hace difícil la adaptación con la antigua máquina de tracción.

Precauciones de uso y funcionamiento.

1. NO instale el variador de frecuencia para motores de CA en un lugar sometido a alta temperatura, luz solar directa, humedad elevada, vibración excesiva, gases o líquidos corrosivos, ni polvo o partículas metálicas transportadas por el aire.

2. La configuración de algunos parámetros pueden hacer que el motor opere inmediatamente después de conectar la alimentación eléctrica

3. Sólo utilice los variadores de frecuencia de motores de CA dentro de las especificaciones Dejar de hacerlo puede ocasionar incendio, explosión o descarga eléctrica.

4. Para prevenir lesiones personales, mantenga alejados del equipo a los niños y a las personas no calificadas.

5. Cuando es demasiado largo el cable del motor entre el variador de frecuencia para motores de CA y el motor, se puede dañar la capa de aislamiento del motor. Use un motor regulador de inversión de frecuencia o añada un reactor de salida de corriente alterna para prevenir daños al motor..

6. El voltaje nominal del variador de frecuencia para motores de CA debe ser de ≤ 240 V (≤ 480 V para los modelos de 460 V) y la capacidad de corriente del suministro eléctrico debe ser de ≤ 5000 A RMS.(valor efectivo de tensión)

Problemas con la temperatura.

Cuando se instala el variador de frecuencia de CA en un espacio confinado (ejemplo, un gabinete), la temperatura circundante debe estar entre 10 y **40°C** y con buena ventilación. NO instale el variador de frecuencia de CA en un espacio que tenga mala ventilación.

Evite que partículas de fibra, recortes de papel, aserrín, partículas de metal, etc., se adhieran al disipador de calor.

Hay variadores que asimilan altas temperaturas que otros.

No es que los primeros sean buenos ni los segundos malos.

El problema real de la temperatura es que en una sala de máquinas con extractor de aire, no es suficiente cuando las temperatura ambiente en temporada estival de verano, llega casi a los 40 ºc, puesto que un variador como un controlador electrónico de ascensor, están encerrados en un gabinete metálico, y entonces la temperatura de los trasformadores, la propia del variador que a pesar de tener la ventilación interna, expulsa el calor hacia el interior del gabinete, creando una circulación interna de temperatura casi intolerable para los componentes electrónicos, incluso los del variador ya que se refrigera por un lado y por el otro expulsa su propio viento caliente al resto del equipo, lo que ha ocasionado y haberlo presenciado in-situ, que la temperatura dentro del gabinete y sensada por un instrumento de medición, superaba los 68 ºc.

En grandes instalaciones, el aire acondicionado, está presente dentro de los tableros electrónicos del ascensor.

En el caso del gabinete del ascensor que estaba en su interior con 68º c, el problema que generó debates de alta calidad técnica en cuanto a si era el variador o el controlador electrónico, quedó solucionado con la colocación enfrente del tablero, de un VENTILADOR de uso familiar.

Con este relato quiere el autor señalar, que las altas temperaturas, pueden producir funcionamientos críticos y erráticos CON INESTABILIDAD, producto del ataque a todos los componentes electrónicos.

La solución para ello es muy simple, pero vamos a dejarlo para la imaginación del estimado lector.

Frenado por inyección de CD.

El frenado de CD durante el arranque se utiliza para las cargas que se podrían mover antes de que arranque el variador de frecuencia para motores de CA, tales como los ventiladores y bombas.

En estas circunstancias, el frenado de CD se puede utilizar para mantener las cargas en posición antes de comenzar el movimiento.

El frenado de CC durante la parada se utiliza para reducir el tiempo de detención, y también para mantener en posición las cargas detenidas. En el caso de elevadas cargas de inercia, para obtener desaceleraciones rápidas se necesitará también un resistor de frenado para frenado dinámico.

Ruido electromagnético o de inducción

Muchas fuentes de ruido rodean los variadores de frecuencia para motores de CA y la penetran por radiación o conducción. Esto puede causar mal funcionamiento de los circuitos de control e incluso daños al variador de frecuencia para motores de CA. Por supuesto hay soluciones para aumentar la tolerancia al ruido de un variador de frecuencia para motores de CA.

Pero esto tiene sus límites. Por tanto, lo mejor será resolverlo desde fuera como sigue.

1. Para suprimir los picos de conmutación agregue un supresor de picos en los relés y contactos.

2. Acorte la longitud de los cables del circuito de control o comunicación serie y manténgalos separados de los cables del circuito de suministro eléctrico.

3. Cumpla con las regulaciones de cableado usando cables blindados y amplificadores de aislamiento para longitudes grandes.

4. El terminal de puesta a tierra deberá cumplir con las reglamentaciones locales y conectarse a tierra independientemente, es decir **no deberá tener una tierra en común** con las máquinas de soldadura eléctrica ni otros equipos de potencia.

5. Conecte un filtro de ruido en el terminal de entrada de alimentación de CA del variador de velocidad para motores de CA para filtrar el ruido del circuito de energía.

El VFD-EL puede tener un filtro integrado como opción.

En resumen, las soluciones para el ruido existen como "no producto" (desconectar el equipo perturbador), "no dispersión" (limitar la emisión del equipo perturbador) y "no recibir" (aumentar la inmunidad).

Diferencias entre un variador escalar y vectorial.

Variador escalar:

Ventajas:

Bajo costo

No requiere de dispositivos de retroalimentación

Su aplicación está limitada a equipos que no requieren altos niveles de precisión

Desventajas:

No hay orientación del campo

Ignora el estado del motor (posición o velocidad)

No controla el torque.

El variador con control escalar alimenta al motor con un voltaje "senoidal" de acuerdo a una ventaja económica:

Bajo costo, no requiere de dispositivos de

Retroalimentación o control (encoder)

Tiene una dinámica de control limitada y baja eficiencia del inversor

Mayormente es usado en aplicaciones muy simples de control de velocidad y tiene la relación V/f, pre determinada. (o sea que se debe reglar por esa condición única).

Control vectorial

La idea del sistema de modulación vectorial es la de controlar el flujo magnético del motor directamente, obteniendo un variador más eficiente y de mejor dinámica comparado con uno del tipo senoidal

El principio puede ser descrito por una representación vectorial del flujo magnético. Por medio de los seis contactos del inversor se pueden generar 8 vectores de voltaje.

El vector flujo se puede colocar en cualquier dirección de acuerdo a la posición de los contactos del inversor.

Idealmente el vector flujo debe describir una circunferencia

En la práctica la circunferencia se forma por medio de pequeñas etapas.

Dependiendo de la limitación de conmutación se puede obtener cualquier patrón entre el hexágono básico y una circunferencia.

La frecuencia es controlada aplicando los vectores nulos para detener el desplazamiento del vector flujo.

El control vectorial se caracteriza por una alta eficiencia pero al mismo tiempo limitado a bajas velocidades.

Está limitado a aplicaciones de baja dinámica

El control por orientación de campo puede definirse como un control de torque por estimación del flujo magnético.

El flujo es calculado a partir de un **modelo matemático del motor** y la corriente del estator o por integración de los voltajes de fase.

En la práctica se han desarrollado varios modelos denominados: Control Vectorial de Flujo, Control Vectorial de Campo, Control Vectorial, etc.

La diferencia entre los distintos métodos radica en la manera de la estimación del flujo o cómo es controlada la corriente o el flujo.

La mayoría de los métodos de orientación de campo de modelos anteriores, pueden ser considerados como indirectos ya que controlan la corriente para obtener el flujo deseado.

Parámetros de retroalimentación son la corriente del motor y la velocidad o posición del rotor.

Los métodos indirectos de control de orientación de campo ofrecen buenas características de torque y velocidad empleando **complejos cálculos en tiempo real.**

Factores limitantes son la susceptibilidad a la variación de los parámetros del motor y retardo para el control de flujo.

Tiempos típicos de respuesta son 10 a 20µs indirectos ya que controlan la corriente para obtener el flujo deseado.

El control directo de torque y flujo es básicamente un control de orientación de campo.

93

En lugar de controlar el flujo y el torque a través de la corriente, se tiene una mayor aproximación a partir que cada posición de los contactos del inversor está directamente relacionado con un estado electromagnético del motor.

Un cambio instantáneo del flujo o torque se logra por una posición determinada del vector voltaje.

Una parte esencial de este método es el modelo del motor que estime el torque y flujo actual.

Comparando el valor actual con el valor de referencia se obtiene un lazo cerrado de control de flujo y torque.

El vector voltaje se selecciona para mantener el vector flujo dentro de dos circunferencias límites. Las circunferencias límites representan el flujo de referencia y la histéresis.(pérdida de energía que se manifiesta en forma de calor).

Solamente hay un flujo físicamente presente en el motor, sin embargo, puede ser representado por dos flujos: el flujo del estator y el flujo del rotor.

El torque es creado por la interacción de estos dos flujos:

Variando el vector del flujo del estator por medio del vector voltaje el torque variará rápidamente

Cuando el torque es mayor que el de referencia se aplica el vector de voltaje nulo.

Gradiente del voltaje.

El gradiente de voltaje, es la velocidad con que se genera el pico de voltaje reflejado.

Se define entre el 10% y el 90% del voltaje pico desarrollado y su ecuación es la siguiente:

$$d\vec{F} = \vec{F}(\vec{r} + d\vec{r}) - \vec{F}(\vec{r}) = (\nabla \vec{F}) \cdot d\vec{r}$$

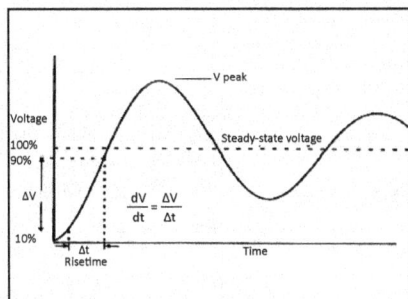

Fig nº 37 curva de la gradiente de voltaje.

Que es un vector

El vector es un concepto que proviene de la física, en la que se distingue entre magnitudes escalares y magnitudes vectoriales.

Mientras que la magnitud escalar se expresa con un número (por ejemplo, la masa de un cuerpo, el volumen, la capacidad de un depósito, la temperatura...), en la vectorial se necesita además la dirección y el sentido. Por ejemplo, cuando nos referimos a un movimiento, no basta con indicar el desplazamiento, sino también la dirección y el sentido del movimiento. Con este concepto podemos describir en física la velocidad, la aceleración, la fuerza. Con esta definición, el lector ya puede apreciar las diferencias que se imponen entre un control escalar y un control vectorial.

Fig nº 37 : Curvas sin y con marcha de posicionamiento,(planeo) en la figura superior

Desde v3 hasta v Pos en donde comienza el "planeo"(anteúltima velocidad de paro)

1. Curva de marcha con posicionamiento:
Ajuste estándar, puesta en servicio más simple y rápida.

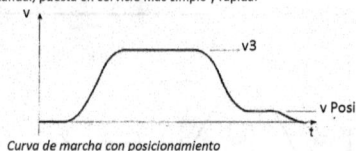

Curva de marcha con posicionamiento

Esta curva de marcha puede realizarse con o sin retroacción del valor real (taquímetro).

Curva de marcha sin posicionamiento - marcha directa:
exceso de marcha optimado en el tiempo, pues en servicio mas compleja.

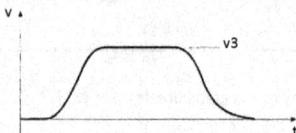

Curva de marcha sin posicionamiento - marcha directa

Esta curva de marcha sólo se puede realizar con la retroacción del valor real. Es útil sólo en caso de ausencia de errores de distancia debidos a la instalació no si tales errores son de escasa improtancia.

Propuesta de ahorro de energía presentada en el Congreso de Ascensores de Mar del Plata año 2008.

Es de público conocimiento que el ahorro de energía eléctrica en las ciudades es prioritario a nivel mundial.

Los ascensores son grandes consumidores de energía si bien debemos recordar que a partir de su invención fue posible la construcción de grandes ciudades con edificios en altura.

Debido a la crisis energética actual y a la dificultad futura para disponer de fuentes renovables, **se propone una drástica disminución del consumo de energía en el uso de los ascensores.**

Se puede lograr un **ahorro importante de energía** en las instalaciones de ascensores existentes y en las futuras utilizando tecnologías de control por sistemas electrónicos y de frecuencia variable. Por esta razón es factible analizar una propuesta de modernización por medio del uso de estos sistemas que incentive la decisión de cambio por parte de los propietarios.

Para ello es necesaria la participación de los actores relacionados directa o indirectamente con el cambio: ingenieros, técnicos, asesores, fabricantes, instaladores, administradores, propietarios, empresas proveedoras de energía, legisladores, entes de control, bancos y entidades de crédito.

Se exceptúan de esta propuesta los ascensores hidráulicos.

Pero, ¿qué ofrecen las nuevas tecnologías para lograr un importante ahorro de energía?

Los ascensores que disponen de un sistema de control de motor por variación de frecuencia variable, tienen las siguientes ventajas frente a los existentes:

- Permiten un **ahorro de energía del orden del 20 al 40%.**

- Temperaturas menores de trabajo de motores lo que podría implicar la eliminación de sistemas de enfriamiento de salas de máquinas.

- Cuando se dispone de grupos electrógenos para su funcionamiento durante cortes de energía, puede permitir el uso de grupos más pequeños.

Para lograr esto en forma rápida puede ser conveniente generar, por un tiempo determinado y con el compromiso de todos los actores involucrados, un programa de recambio de sistemas de control con medidas para incentivar la inversión por los propietarios.

¿Cómo puede contribuir cada participante, por el plazo que se establezca, para un cambio rápido y económico de sistema?:

- Propietarios: asumiendo la responsabilidad y las ventajas de la inversión para el cambio de sistema.

- Fabricantes e instaladores: facilitando su comercialización.

Por otra parte los propietarios deberán estar informados que además del ahorro económico por el menor consumo de energía (y su correspondiente bonificación por parte de las empresas distribuidoras), tendrán compensaciones interesantes por su inversión.

CONSIDERACIONES TÉCNICAS Y ECONÓMICAS

Los ascensores tienen diversos tipos y sistemas de control para su funcionamiento, un rápido resumen del parque existente de tipos de motor y control es:

- 1 velocidad con volante de inercia y/ó sin elementos de aceleración.

- 2 velocidades con volante de inercia y/ó
sin elementos de aceleración.

- Corriente alterna controlada. No se emplea actualmente pero hay instalaciones existentes.

- Sistemas con motor de corriente alterna-generador de corriente continua (o sistema de control electrónico) y motor de tracción de corriente continua. No se emplea actualmente pero hay instalaciones existentes.

- Motor asincrónico con máquinas a reducción y control por frecuencia variable.

- Motor sincrónico con máquinas de tracción directa y control por frecuencia variable

- Hidráulicos. No se consideran en esta propuesta.

La propuesta central es el cambio de los sistemas existentes de control de motores de 1 o 2 velocidades, los de corriente alterna controlada o los de corriente continua por sistemas de control frecuencia variable ya que éstos permiten un ahorro de energía real del orden del 20 al 40% o superior como se explica más adelante. El cambio en los sistemas hidráulicos no se considera en esta propuesta por su complejidad. Considerando que la mayoría de los ascensores tienen máquinas con reducción, estas tienen **mayor masa** en movimiento que las específicas para frecuencia variable y un rendimiento relativo, del **orden del 75%.** Aún se puede lograr un ahorro de energía adicional si se emplean **máquinas de menor masa** o bien las nuevas máquinas con motor sincrónico y tracción directa, por tener estas últimas un rendimiento muy elevado, superior al 90%

FUNCIONAMIENTO, CONTROL DE LA VELOCIDAD

Los convertidores de frecuencia variable actúan controlando el motor de ascensor para lograr elevado confort de marcha, excelente nivelación y muy bajo consumo de energía.

El convertidor de frecuencia permite variar la frecuencia y la tensión, con la ventaja de que el motor puede operar en forma normal a cualquier velocidad y sin recalentamiento a bajas velocidades.

Para variar la frecuencia y tensión, se genera una red trifásica en forma electrónica por medio de transistores de potencia. Esto genera un sistema trifásico que sólo toma potencia activa.

El control con inversor de frecuencia posee un modelo matemático del motor y provee los valores de tensión/corriente y frecuencia para la velocidad instantánea necesaria.

CORRIENTE DE ARRANQUE

La operación del convertidor de frecuencia **reduce la corriente de arranque aproximadamente a 1,5 veces la nominal, cuando normalmente es superior a 3 o 5 veces**, por lo cual **se reduce la sobrecarga en las líneas y el consumo total de energía.** Debido a esta característica y al modo de entregar una cupla controlada, **no es necesario el empleo de volantes de inercia u otros elementos para absorber -y gastar- energía en el arranque.**

FRENADO Y NIVELACIÓN

Con el variador de frecuencia, la energía de frenado se devuelve al convertidor, **por esto el motor no incrementa su temperatura durante el frenado y nivelación.** El variador controla al ascensor hasta la detención en forma electrónica. Una vez en nivel, **se libera el freno mecánico sin deslizamiento y sin desgaste de elementos.** (Esta acción se llama, freno a rotor parado).

AHORRO DE ENERGÍA

- Un ascensor con motor de 1 o de 2 velocidades necesita de volante de inercia u otros elementos para absorber energía en el arranque y suavizar los cambios de velocidad

- **sistema de corriente alterna controlada,** suaviza el funcionamiento en el arranque y en el frenado pero actuando en éste caso por inyección de corriente continua lo cual **aumenta las pérdidas en el cobre y en el hierro, necesitándose además de sistemas de enfriamiento del motor** y de la sala de máquinas.

- sistema multivoltaje tipo Ward Leonard necesita de **un motor y un generador, ambos auxiliares y de funcionamiento casi permanente aún con el ascensor detenido con una gran pérdida de energía.**

- En todos estos casos se logra suavidad de marcha pero con un alto consumo de energía.

Un ascensor con variador de frecuencia ahorra energía debido a la disminución de la masa en rotación, y no genera grandes pérdidas de energía. La cantidad de energía ahorrada depende de las condiciones y frecuencia de operación.

La experiencia demuestra que un ascensor con un convertidor de frecuencia permite un **ahorro de energía del orden del 20 al 40% o superior** según el sistema, comparado con la operación sin convertidor.

Se puede observar un caso típico de consumo de energía en un edificio que en principio tenía tres ascensores multivoltaje y se cambió por máquinas con motores de corriente alterna accionados por controles con variadores de frecuencia variable.

Se realizaron mediciones de consumo para el sistema multivoltaje en el período entre el 30 de abril y el 30 de mayo de 1996 y luego del cambio entre el 04 de mayo y 01 de junio de 1998, observándose un ahorro de energía de un 36%.

Consumo antes del cambio:

- 03 Jun de 1996 752 Kw/h.

- Luego del cambio:

- 02 Jun de 1998 480 Kw/h.

- Ahorro de energía (752 – 480) / 752 = 36,17 %.

- Corriente de arranque de 1,2 a 1,5 veces la nominal del motor, normalmente es superior a 3 o 5 veces. Permite gran número de arranques/hora.

- Mejor factor de potencia > 0,98

- Ahorro de energía del orden del 20 al 40% o superior.

- El motor opera con resbalamiento nominal, no hay sobrecarga térmica.

- No son necesarios sistemas de enfriamiento de motor ni de sala de máquinas.

Estas ventajas, a la que se les debe sumar el menor número de arranques innecesarios con una maniobra más inteligente en ascensores en batería por control electrónico, permiten amortizar el costo del cambio en poco tiempo.

Modernización de ascensores existentes

GASTO MENSUAL/ANUAL de energía con el cambio a frecuencia variable

En el caso de un ascensor con control existente de 1 o 2 velocidades, corriente alterna controlada o multivoltaje que se desee modernizar a frecuencia variable, el control y la instalación deberán realizarse según las normas vigentes.

El cálculo del gasto en el consumo mensual o anual de energía que se espera tener luego del cambio a un sistema de frecuencia variable es simple, debido a que se obtiene una reducción del 20 al 40%, es suficiente con multiplicar por un factor del orden de 0,8 al 0,6 al consumo actual, además se deberá considerar que si actualmente hay períodos de exceso de consumo con multas por la empresa de energía, luego del cambio éstas no tendrán efecto por la disminución del consumo.

Se podrá calcular la amortización de la inversión en cada caso con el ahorro obtenido y el costo del equipo con su instalación.

(Estudio técnico de Ahorro de Energía, gentileza de Automac S.A.).

Elección de un variador de velocidad

La elección del variador de frecuencia para motores de CA adecuado para la aplicación es muy importante y tiene gran influencia sobre su vida útil. Si la capacidad del variador de frecuencia para motores de CA es demasiado grande, éste no puede ofrecer protección integral al motor y el mismo podría resultar dañado. Si la capacidad del variador de frecuencia para motores de CA es demasiado pequeña, éste no puede ofrecer el desempeño requerido y el variador de frecuencia para motores de CA podría resultar dañado debido a sobrecarga.

Pero por el solo hecho de seleccionar el variador de frecuencia para motores de CA con la misma capacidad que el motor, los requisitos de la aplicación del usuario no pueden ser satisfechos completamente.

Por ello, un diseñador deberá evaluar todas las condiciones, entre ellas el tipo de carga, la velocidad de carga, las características de la carga, el método de funcionamiento, la salida nominal, la velocidad nominal, la potencia y la variación de la capacidad de carga. La siguiente tabla lista los factores que usted necesitará tener en cuenta en función de sus requisitos.

Especificación vinculada Elemento

Características de velocidad y par motor
Certificaciones de tiempos
Capacidad de sobrecarga
Par de arranque
Tipo de carga

Carga de fricción y carga ponderada
Carga líquida (viscosa)
Carga de inercia
Carga con transmisión de potencia
Características de velocidad de carga y par motor
Par motor constante
Salida constante
Par motor decreciente
Salida decreciente
Características de la carga
Carga constante
Carga de impacto
Carga repetitiva
Par motor de arranque alto
Par de arranque bajo

Cómo seleccionar el variador de frecuencia para motores de CA correcto

Operación continua, operación de pocaduración
Operación de larga duración a velocidades medias y bajas.
Máxima corriente de salida (instantánea)
Corriente de salida constante (continua)
Frecuencia máxima, frecuencia básica
Capacidad del transformador de suministro de energía o impedancia porcentual
Fluctuaciones de voltaje y desequilibrio
Número de fases, protección monofásica
Frecuencia
Fricción mecánica, pérdidas en el cableado
Modificación del ciclo de servicio

C.1 Fórmulas de capacidad

Cuando un variador de frecuencia para motores de CA opera un motor.

La capacidad inicial deberá ser menor que 1,5 x la capacidad nominal del variador de frecuencia para motores de CA

La capacidad inicial=

$k \times N$

----

973 x n x cos φ. Tiempo de aceleración $\geqq$ 60 segundos

La corriente deberá ser menor que la corriente nominal del variador de frecuencia para motores de CA (A)

Tiempo de aceleración $\leqq$ 60 segundos

Nr+Im+1 + ns/ns(ks -1)

Tiempo de aceleración $\geqq$ 60 segundos

1 n k 1

----

n IM n S

Cuando está operando continuamente

El *requisito* de la capacidad de carga deberá ser menor que la capacidad del variador de frecuencia para motores de CA (kVA)

El requisito de la capacidad de carga=

K x Pm

---------- =

N x cos

La capacidad del motor deberá ser menor que la capacidad del variador de frecuencia para motores de CA

$k \times 3 \times VM \times IM \times 10{-}3 \leq$

La corriente deberá ser menor que la corriente nominal del variador de frecuencia para motores de CA (A) k × IM $\leq$

Explicación de los símbolos

PM : Salida del eje del motor para carga (kW)

η : Rendimiento del motor (normalmente, aprox. 0,85)

$\cos\varphi$: Factor de potencia del motor (normalmente, aprox. 0,75)

VM : Voltaje nominal del motor (V)

IM : Corriente nominal del motor (A), para suministros eléctricos comerciales

k : Factor de corrección calculado a partir del factor de deformación actual (1,05 a 1,1, según sea el método PWM)

$PC1$: Capacidad continua del motor (kVA)

kS : Corriente de arranque y corriente nominal del motor

nT : Número de motores en paralelo

nS : Número de motores arrancados simultáneamente

$GD2$: La inercia total (GD2) calculada hacia atrás hasta el eje del motor (kg m2)

TL : Par motor de la carga

tA : Tiempo de aceleración del motor

N : Velocidad del motor

Precaución general

1. Cuando el variador de frecuencia para motores de CA está conectado directamente a un transformador de potencia de gran capacidad (600 kVA o más) o cuando es conmutado un condensador de avance de fase, podrían tener lugar corrientes de pico excesivas en el circuito de entrada del suministro eléctrico y la sección convertidora podría resultar dañada.

Para evitar esto, utilice un reactor de entrada CA (opcional) antes de la entrada a la red de suministro eléctrico del variador de frecuencia para motores de CA para reducir la corriente y mejorar el rendimiento de la potencia de entrada.

2. Cuando se utiliza un motor especial o es accionado en paralelo más de un motor con un solo variador de frecuencia para motores de CA, seleccione la corriente del variador como ≥1.25x (suma de las corrientes nominales de los motores).

3. Las características de arranque y de acel./decel de un motor están limitadas por la corriente nominal y la protección contra sobrecargas del variador de frecuencia para motores de CA. Comparada con la operación del motor D.O.L. (Directo en línea), puede esperarse una salida menor del par de arranque con el variador de frecuencia para motores de CA. Si se requiriera un par de arranque más alto (tal como para ascensores, mezcladores, máquinas para mecanizado, etc.) utilice un variador de frecuencia para motores de CA de mayor capacidad o aumente las capacidades tanto para el motor como para el variador

4. Cuando tiene lugar un error en el variador, será activado un circuito protector y la salida del variador de frecuencia para motores de CA será desactivada. Luego el motor se detendrá con parada gradual. Para una parada de emergencia, se necesita un freno mecánico externo que detenga rápidamente el motor.

Configuración de parámetros principales

1. El variador de frecuencia para motores de CA puede ser accionado a una frecuencia de salida de hasta 400 Hz (según algunos modelos) con el teclado digital.

Los errores de configuración pueden generar una situación peligrosa. Por seguridad, se recomienda enfáticamente el empleo de la función de frecuencia límite superior.

2. Altos voltajes de operación del freno con CC y un prolongado tiempo de operación (a bajas frecuencias) pueden ocasionar un sobrecalentamiento del motor. En ese caso, se recomienda el enfriamiento externo forzado del motor.

3. El tiempo de acel./decel. del motor está determinado por el par motor nominal del motor, el par motor de la carga y la inercia de la carga.

4. Si se activa la función de prevención de atascamientos, el tiempo de acel./decel, se

extenderá automáticamente hasta una cantidad que el variador de frecuencia para motores de CA pueda gestionar. Si el motor necesita desacelerar dentro de un determinado período de tiempo con alta inercia de la carga que no pueda ser administrada por el variador de frecuencia para motores de CA en el tiempo requerido, ya sea utilice un resistor externo de frenado y/o una unidad de freno, según sea el modelo, (para disminuir el tiempo de desaceleración únicamente) o incremente la capacidad tanto del motor como del variador.

Cómo seleccionar un motor adecuado

Motor convencional

Cuando utilice el variador de frecuencia para motores de CA para operar un motor de inducción trifásico convencional, adopte las siguiente precauciones:

1. La pérdida de potencia es mayor que para un motor inversor.

2. Evite operar el motor a baja velocidad durante mucho tiempo. En esta condición, la **temperatura** del motor podría aumentar por encima de la certificación del motor debido al escaso flujo de aire producido por el ventilador del motor. Evalúe utilizar enfriamiento forzado externo del motor.

3. Cuando el motor convencional opera a baja velocidad durante largo tiempo, la carga de la salida debe ser disminuida.

70

60

50

0

5. Si se requiere el 100% de par motor continuo a baja velocidad, podría ser necesario utilizar un motor inversor especial.

6. Una vez que la velocidad de operación supere la velocidad homologada (60 Hz) de un motor convencional se deberán tener en cuenta el balance dinámico y la resistencia del rotor del motor.

7. Las características de par motor varían cuando es un variador de frecuencia para motores de CA el que acciona el motor en lugar de una fuente de alimentación comercial.

Verifique las características de par motor de la carga del equipo a ser conectado.

8. Debido al control PWM de la frecuencia portadora alta de la serie VFD,(variador por voltaje y frecuencia) preste atención a los siguientes problemas de vibración del motor:

Vibración mecánica resonante: para montar equipos que operen a velocidad variable se deberán utilizar cauchos antivibración ó (amortiguamiento).

Desequilibrio del motor: se requieren cuidados especiales para la operación a frecuencias de 50 o 60 Hz y superiores.

Para evitar resonancias, utilice Saltar frecuencias (parámetro del variador)

9. El motor del ventilador será muy ruidoso cuando la velocidad del motor exceda de 50 o 60 Hz.

Motores especiales:

1. Motor de conmutación de polos :

La corriente nominal difiere de la de un motor convencional. Verifique antes de la operación y seleccione cuidadosamente la capacidad del variador de frecuencia para motores de CA. Cuando se cambia el número de polos, el motor necesita primero ser detenido. Si durante la operación tiene lugar un exceso de corriente o el voltaje regenerativo es demasiado alto, deje operar libremente el motor hasta que se detenga

2. Motor sumergible:

La corriente nominal es mayor que la de un motor convencional. Verifique antes de la operación y seleccione cuidadosamente la capacidad del variador de frecuencia para motores de CA. Con un cable de motor largo entre el variador de frecuencia para motores de CA y el motor, el par de torsión disponible para el motor se reduce.

3. Motor a prueba de explosión :

Necesita ser instalado en un lugar seguro y el cableado deberá satisfacer los requisitos

Los variadores de frecuencia para motores de CA de Delta no son adecuados para zonas explosivas excepto con precauciones especiales.

4. Motor de reducción de engranajes:

El método de lubricación de la caja de engranajes de reducción y el rango de velocidad para operación continua serán diferentes y dependerán de la marca. La función de lubricación para operar durante largo tiempo a baja velocidad y para la operación a alta velocidad debe <u>ser considerada cuidadosamente.</u>

5. Motor sincrónico:

La corriente nominal y la corriente de arranque son mayores que para los motores convencionales. Verifique antes de la operación y seleccione cuidadosamente la capacidad del variador de frecuencia para motores de CA. Cuando el variador de frecuencia para motores de CA opera más de un motor, preste atención a arrancar y cambiar el motor.

Preste atención a la reducción de la lubricación cuando opere motores de reducción de engranajes, cajas de engranajes, correas y cadenas, etc. durante períodos más prolongados a bajas velocidades. A altas velocidades de 50/60 Hz y más, podrían ocurrir ruidos y vibraciones que reducirán la vida útil.

Par de torsión del motor

Las características de par motor de un motor operado por un variador de frecuencia para motores de CA y por la energía de la red de distribución eléctrica son diferentes.

Control vectorial para motores de C.C

La estrategia de control vectorial consiste en extrapolar (Extrapolación: En matemáticas, extrapolación es el proceso de construir nuevos puntos de datos a partir de un conjunto discreto de puntos conocidos. Es similar al proceso de interpolación, que construye nuevos puntos entre puntos conocidos, pero sus resultados son menos significativos, y están sujetos a mayor incertidumbre) la técnica de control de motores de corriente contínua al ámbito de los motores de inducción.

Para ello, y debido a que una máquina de corriente alterna carece de dos bobinados desacoplados, se recurre al expediente de referenciar el sistema trifásico alterno de corrientes estatóricas a un sistema de coordenadas no estacionario que gira sincrónicamente con el campo magnético rotórico.

Control de campo orientado.

En este nuevo sistema de referencia, las corrientes estatóricas pueden ser tratadas como vectores rotantes de ahí el nombre de "control vectorial" o también " control de campo orientado "-.

El siguiente paso es descomponer este vector en dos componentes: una colineal con el campo rotórico (normalmente denominada I) y la restante cuadratura (normalmente, I w) . La primera resulta ser responsable del flujo magnético de la máquina y se la designa como "corriente de magnetización"; la segunda genera el par motriz y se la llama "corriente activa". Por la vía de esta transformación de coordenadas resulta entonces posible desacoplar el modelo matemático de la máquina de inducción y controlar estas componentes en forma independiente de la misma manera que en un motor de corriente continua se controlan las corrientes de campo y de armadura. Y se obtienen respuestas dinámicas similares .

Una vez determinados en este sistema de referencia no estacionario los valores requeridos se aplica una transformación de coordenadas inversa que arroja como resultado las consignas (set-points) de magnitud y fase de las corrientes alternas estatóricas. Estas consignas se aplican a la entrada del inversor regulador de corriente, quien genera como respuesta las señales PWM de disparo que atacarán los IGBTs de la etapa de potencia, generando las tensiones que alimentan los bobinados del motor.

Cabe recordar que para poder ejecutar las rutinas de transformación de coordenadas es necesario contar con el ángulo desarrollado por el rotor. Esta necesidad da origen a dos estrategias diferentes: registrar este ángulo instante a instante mediante un encoder o taco generador (control vectorial de lazo cerrado) o estimarlo mediante un observador "Control vectorial sin sensor de lazo abierto" o en su versión en inglés - más difundida- "Sensor Less Vector Control".

Mediante la técnica de lazo cerrado resulta posible ejecutar distintas estrategias de control de acuerdo a la variable que se desea regular. Así, nos encontramos con control de lazo cerrado de velocidad o de par.

En muchas aplicaciones se presenta la inquietud de si es necesario o no utilizar un sensor de velocidad, esto es, si realmente es necesaria una estrategia de control vectorial de lazo cerrado. Se indican a continuación algunos ejemplos a modo de ayuda para definir su uso:

Requerimiento de elevado nivel de precisión en el ajuste de velocidad, típicamente superior al 0,001% (maquinaria de alta precisión.)

Requerimiento de alta performance dinámica aún a bajas velocidades, del orden de los 20 m seg (trenes de laminación).

Requerimiento de elevado par motriz a velocidades inferiores al 10% de la velocidad nominal del motor, aún a velocidad cero (grúas con funciones de posicionamiento.

Requerimiento de control de par en un rango mayor a 1:10 (bobinadoras, control de tensión de lazo cerrado.

De media tensión permiten implementar estrategias de control vectorial de lazo abierto o cerrado de velocidad o par, y dan respuesta a los más altos requerimientos de regulación. Por otro lado, con la técnica de control desarrollada por Flux Current Control (FCC) que optimiza la corriente de magnetización para los distintos estados de carga de la máquina accionada, resulta ideal para aplicaciones de baja y media exigencia dinámica: bombas, ventiladores, posicionamiento sencillo, cintas de transporte, máquinas de embalaje, ascensores, etc.

Los DSPs (Procesadores de Señales Digitales) y los microprocesadores proporcionan la potencia de cómputo de alta velocidad necesaria para calcular las corrientes de fase del motor accionado y superan holgadamente los problemas derivados y de ajuste de setpoint(punto de ajuste) tan frecuentes en las antiguas versiones analógicas de accionamientos-vectoriales.

Complementariamente, los inversores PWM con etapas de potencia desarrolladas en torno de dispositivos semiconductores de alta velocidad de conmutación (Transistores Bipolares de Compuerta Aislada IGBT) permiten obtener frecuencias más altas y corrientes de salida mayores, en volumen reducido y con menor costo.

Firmware:

La programación de un microprocesador principal de un variador está en el firmware que es inaccesible para el usuario. Pero un cierto grado de programación y ajuste de parámetros en la configuración, es proporcionado al usuario para adaptar el motor con sus requisitos especificados en la chapa (si la tiene).

Definición del firmware:

Firmware o *programación en firme*, es un bloque de instrucciones de programa para propósitos específicos, grabado en una memoria de tipo no volátil (ROM, EEPROM, FLASH), que establece la lógica de más bajo nivel que controla los circuitos electrónicos de un dispositivo de cualquier tipo.

Al estar integrado en la electrónica del dispositivo es en parte hardware, pero también es software, ya que proporciona lógica y se dispone en algún tipo de lenguaje de programación. Funcionalmente, el firmware es el intermediario (interfaz) entre las órdenes externas que recibe el dispositivo y su electrónica, ya que es el encargado de controlar a ésta última para ejecutar correctamente dichas órdenes externas.

El firmware, no solo está presente en variadores, sinó que también se encuentra en la programación de celulares, computadoras de automóviles, reproducción de sonido (codecs), pc.

Inconvenientes de los variadores de velocidad

Digamos que pueden darse inconvenientes con un variador de velocidad, por lo que es necesario corregir puntos importantes de su instalación;

1)   Un motor debe funcionar en forma adecuada, ya que la corriente que recibe no es perfectamente lisa si se trata de un motor de corriente continua, ni perfectamente sinusoidal si es para un motor de corriente alterna.

2)   El variador toma de la red, corrientes no sinusoidales y se comporta como un generador de armónicas.

3)   El variador está constituido por semiconductores que abren o cierran casi de inmediato los circuitos, por lo que originan variaciones rápidas de corriente ó tensión. Por eso las ondas electromagnéticas radiadas pueden alterar el entorno de la instalación.

4)   Todos los fabricantes de variadores de velocidad, deben cumplir las normas de compatibilidad electromagnética, tanto para perturbaciones conducidas, como así también las radiadas.

5)   5) Las especificaciones técnicas de cada fabricante, debe mencionar su protección de acuerdo a las normas internacionales de las que están impuestas.

Los generadores de armónicos.

En general, los armónicos son producidos por cargas no lineales que a pesar de ser alimentadas con una tensión senoidal absorben una intensidad no senoidal. Para simplificar se considera que las cargas no lineales se comportan como fuentes de intensidad que inyectan armónicos en la red. Las cargas armónicas no lineales más comunes son las que se encuentran en los receptores alimentados por electrónica de potencia tales como variadores de velocidad, rectificadores, convertidores, etc.

Otro tipo de cargas tales como reactancias saturables, equipos de soldadura, hornos de arco, etc., también inyectan armónicos. El resto de cargas tienen un comportamiento lineal y no generan armónicos: inductancias, resistencias y condensadores.

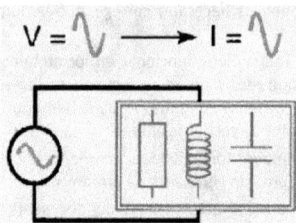

Fig nº 38: las cargas lineales tales como inductancias, lámparas, condensadores y resistencias, no generan armónicos.

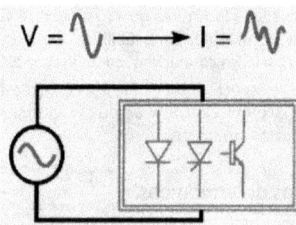

fig. nº 39: las cargas no lineales son las que generan armónicos, resaltando sobre la derecha de la figura, la distorsión senoidal.

Qué perjudican los armónicos

Para el desarrollo de esta tesis hemos tomado algunos temas que a nuestro entender entran en el renglón de los temas principales si de armónicos hablamos, como por ejemplo: en que consiste un armónico, tipos de armónicos, características y teoría de los mismos, y dentro de los más frecuentes mencionaremos los efectos causados por mismos y las consecuencia que estos traen consigo al momento de producirse.

En otro orden también hablaremos de lo que son los efectos de los armónicos en los sistemas eléctricos, ya que estos entran a jugar un papel primordial en los problemas que se presentan en la red o en un sistema eléctrico, tanto por las distorsiones como los daños que causan los mismos, de este manera ilustraremos como influyen en la curva de tensión y cuales son sus variaciones en la misma. Además de esto hablaremos más adelante de que hacer para evitar los efectos de los mismos y que hacer para disminuirlos.

Que Son Los Armónicos

Los armónicos son distorsiones de las ondas sinusoidales de tensión y/o corriente de los sistemas eléctricos, debido al uso de cargas con impedancia no lineal, a materiales ferromagnéticos, y en general al uso de equipos que necesiten realizar conmutaciones en su operación normal. La aparición de corrientes y/o tensiones armónicas en el sistema eléctrico crea problemas tales como, el aumento de pérdidas de potencia activa, sobretensiones en los condensadores, errores de medición, mal funcionamiento de protecciones, daño en los aislamientos, deterioro de dieléctricos, disminución de la vida útil de los equipos, entre otros. En un sistema de potencia eléctrica, los aparatos y equipos que se conectan a él, tanto por la propia empresa como por los clientes, están diseñados para operar a 50 ó 60 ciclos, con una tensión y corriente sinusoidal.

Por diferentes razones, se puede presentar un flujo eléctrico a otras frecuencias de 50 ó 60 ciclos sobre algunas partes del sistema de potencia o dentro de la instalación de un usuario. La forma de onda existente esta compuesta por un número de ondas sinusoidales de diferentes frecuencias, incluyendo una referida a la frecuencia fundamental. En la figura se observa la descomposición de una onda distorsionada en una onda sinusoidal a la frecuencia fundamental (60 Hz) más una onda de frecuencia distinta. El término componente armónico o simplemente armónico, se refiere a cualquiera de las componentes sinusoidales mencionadas previamente, la cual es múltiplo de la fundamental. La amplitud de los armónicos es generalmente expresada en por ciento de la fundamental.

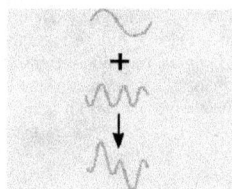

Fig Nº 40,vemos la distorsión señalada por la flecha que producen los armónicos.

Las distorsiones armónicas de corriente distorsionan la onda de tensión al interactuar con la impedancia del sistema originando la reducción de la vida útil en motores y causando la operación errática de equipos electrónicos.

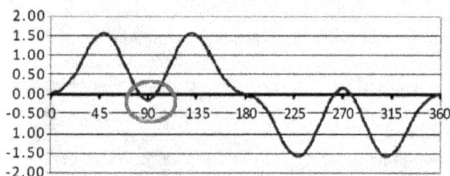

Fig nº 41, más distorsiones por armónicos.

Métodos para atenuar los armónicos.

Indudablemente que para atenuar los armónicos, debe consultarse al proveedor del variador de velocidad, que tipo de filtros y cual es el correcto para determinada instalación, sobre todo en edificios corporativos en donde por centros de cómputos intercalados en la misma red de entrada, del edificio pueden llegar a afectar redes de comunicación e informáticas debido a los armónicos que pueden producir en grandes instalaciones con variadores de velocidad.

Interruptores Diferenciales

Un ejemplo que el autor expone acá, es el haber estado en presencia en una modernización con un motor antiguo de 16 HP, en donde se colocó un variador de velocidad a lazo abierto, intercalándose en la línea de fuerza motriz aguas abajo de la termo-magnética general de ascensor en sala de maquinas, un interruptor DIFERENCIAL, tetrapolar para corriente alterna.

El ascensor después de modernizado, salía de servicio unas 3 veces por semana o más.

Las primeras revisiones fueron de verificar nuevamente todas las conexiones a tierra, puesto que también se habían llevado a cabo el enterrado de una jabalina, mordedura de alguna vaina de conductor eléctrico contra tierra etc. La conclusión está al principio de este relato, el interruptor diferencial era para corriente alterna.

Como el variador entrega una onda CUASI, sinusoidal e incluso para la desaceleración ó frenado puede inyectar corriente contínua, o devolver energía a la red, confundía al diferencial sobre su origen de diseño, era para corriente alterna y nó para una contínua o pulsante ó varias con diferencia de actuado de μs.

Desconectado el diferencial de la línea, ese ascensor recién se paró a los seis meses y por un desajuste de puertas. Ésta anécdota técnica, ocurrió hace aproximadamente 6 años.

La salida del variador, es una serie de pulsos de ALTA FRECUENCIA (pwm), por lo que existe una cierta cantidad de corriente de fuga. Esto puede ocasionar que el interruptor diferencial se dispare y corte la alimentación eléctrica de entrada del variador.

Diferenciales Superinmunizados

Hoy día se fabrican diferenciales de los denominados clase A SUPERINMUNIZADOS, que incorporan filtros de alta frecuencia y que evitan el cegado del diferencial, así como evita el disparo intempestivo, discriminando un efecto real, puesto que acumula la energía de tal forma que ésta hasta que no sea real, no produce su disparo de corte.

De todas formas, y también con este diferencial superinmunizado, puede que se produzcan cortes intespectivos, ya que mucho depende la generación del variador (es decir si es de última generación, intermedia o primera), cables eléctricos asociados, baja aislación del motor, conductores con mala calidad de aislación, conductores de voltaje alto o medio, mezclados con conductores de bajo voltaje sin enmallar, calidad del diferencial, incorrecta o nula puesta a tierra etc, etc, etc.

Inyección de Corriente Contínua.

Un variador escalar o vectorial, puede requerir de una inyección de corriente continua para el frenado o freno mecánico, para suministrar el equivalente funcional al frenado dinámico. Ésta acción se hace necesaria para que el regulador del accionamiento de corriente alterna deba ser activado para frenar la carga.

Cuando el frenado se realiza por inyección de corriente continua, el variador que estaba generando corriente alterna a través de los IGBT para la marcha nominal del motor, se desactiva y por un segundo, el variador deja de generar corriente alguna. Ello es para que se desactiven los IGBT, e inyecte c.c de la etapa intermedia del variador, para el frenado del motor.

Vemos en la fig nº 42, un variador de velocidad a lazo cerrado. (gentileza Yaskawa)

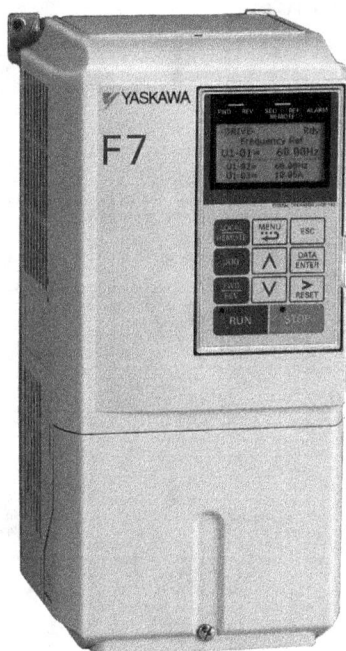

Seguridad de Sección

Peligro de Descarga Eléctrica

No conecte o desconecte el cableado mientras la alimentación de energía esté encendida.

De no hacerlo, puede tener como resultado la muerte o lesiones graves.

⚠ ADVERTENCIA

Peligro de Descarga Eléctrica

No opere el equipo con las tapas fuera de su lugar.

De no hacerlo así, puede tener como resultado la muerte o lesiones graves.

Los diagramas en esta sección pueden mostrar inversores sin tapas o protecciones con el fin de mostrar los detalles. Asegúrese de reinstalar las tapas o protecciones antes de operar los inversores y hacer funcionar los inversores de acuerdo con las instrucciones descritas en este manual.

Siempre conecte a tierra la terminal de conexión a tierra del lado del motor.

Una conexión a tierra inadecuada del equipo puede tener como resultado la muerte o lesiones graves al hacer contacto a la cubierta del motor.

No quite las tapas ni toque las tarjetas de circuitos cuando la alimentación de energía está encendida.

De no hacerlo así, puede tener como resultado la muerte o lesiones graves.

No permita a personal no calificado realizar trabajo sobre el inversor.

De no hacerlo así, puede tener como resultado la muerte o lesiones graves.

La instalación, el mantenimiento, la inspección y el servicio deberán ser realizados únicamente por personal autorizado familiarizado con la instalación, ajuste y mantenimiento de inversores de CA.

⚠ ADVERTENCIA

No realice trabajo en el inversor mientras lleve puesta ropa suelta, joyería o sin protección para los ojos.

De no hacerlo así, puede tener como resultado la muerte o lesiones graves.

Quite todos los objetos de metal como relojes y anillos, asegure la ropa suelta, y utilice protección para los ojos antes de comenzar a trabajar en el inversor.

No toque ninguna terminal antes de que los capacitores se hayan descargado totalmente.

De no hacerlo así, puede tener como resultado la muerte o lesiones graves.

ntes de cablear las terminales, desconecte toda la alimentación de energía al equipo. El capacitor interno permanece cargado incluso después de apagar la alimentación de energía. El LED indicador de carga se apagará cuando el voltaje del bus de CD sea inferior a 50 Vcd. Para prevenir una descarga eléctrica, espere por lo menos cinco minutos después de que todos los indicadores estén apagados y mida el nivel de voltaje del bus de CD para confirmar que el nivel sea seguro.

Peligro de Incendio

Apriete todos los tornillos de las terminales al torque de ajuste especificado.

Las conexiones eléctricas sueltas pueden tener como resultado la muerte o lesiones graves por fuego debido al sobrecalentamiento de las conexiones eléctricas.

No utilice una fuente de voltaje inadecuada.

De lo contrario, puede tener como resultado la muerte o lesiones graves a causa del fuego.

Verifique que el voltaje nominal del inversor coincida con el voltaje del suministro de energía antes de aplicar energía.

No utilice materiales combustibles inadecuados.

De lo contrario, puede tener como resultado la muerte o lesiones graves a causa del fuego.

Fije el inversor a metal o a otro material no combustible.

Antes de pasar a la puesta en marcha de un variador, deben tenerse en cuenta consideraciones de seguridad en el empleo y manipulación.

El autor considera no cambiar textos ni orden de figuras, tomando por completo en forma original, los métodos de prueba y puesta en marcha, de un variador. (Gentileza de textos y dibujos:Yaskawa)

Debe percibir el lector, que cada fabricante de estos componentes, identifica parámetros y borneras con siglas totalmente diferentes, considerando la aclaración en caso de que se quiera utilizar parámetros y formas de conectar a variadores de distintas marcas, que solo pueden ser autorizados por cada proveedor y/o distribuidor de estos equipos.

Puesta en marcha de un variador de velocidad.

A continuación, se describen los pasos principales de los campos de seguridad y operativo, para una correcta puesta en marcha.

La Fig nº 43, la forma correcta del cableado a tierra.

- **Cableado a Tierra**

Tome en cuenta las siguientes observaciones cuando haga conexiones a tierra:

1. Los inversores con alimentación de 208-240 VCA deben tener una conexión a tierra con una resistencia de al menos 100 Ω.
2. Los inversores con alimentación de 480 VCA deben tener una conexión a tierra con una resistencia de al menos 10 Ω.
3. No comparta la tierra con otros dispositivos, como máquinas soldadoras o equipo eléctrico de alta corriente.
4. Siempre utilice cable que cumpla con las normas técnicas para equipo eléctrico y minimice su longitud. Las pérdidas de corriente fluyen a través del inversor. Sin embargo, si la distancia entre la barra a tierra y la terminal a tierra es muy larga, puede desarrollarse potencial en la terminal a tierra del inversor.
5. Cuando se este usando mas de un inversor, tenga cuidado de no puentear la terminal a tierra.

Correcto   Incorrecto

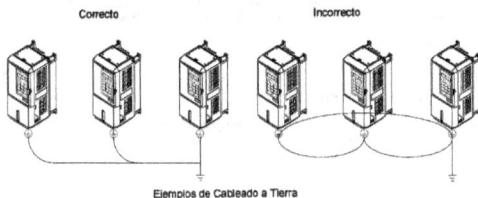

Ejemplos de Cableado a Tierra

✦ Conexión del Módulo de Frenado Dinámico

▪ General

El Frenado Dinámico (FD), permite al motor un paro suave y rápido. Esto es logrado mediante la disipación de la energía regenerada por el motor de CA a través de componentes resistivos del Módulo de Frenado Dinámico. Para mayores detalles respecto a la operación, vea la hoja de instrucciones incluida con cada módulo de frenado dinámico.

Los modelos del F7U20P4 al F7U2018 y del F7U40P4 al F7U4018 traen integrado el Módulo de Transistores de Frenado, y requiere adicionar el Módulo de Resistencias de Frenado o Módulo de Resistencias Disipadoras de Calor. Los inversores de modelos superiores requieren de Módulo de Transistores de Frenado y de Módulo de Resistencias de Frenado.

Los Módulos de Resistencias de Frenado se deben montar en la parte exterior de los gabinetes. Los Módulos de Transistores de Frenado se deben de montar en el interior del gabinete. La Resistencia Disipadora de Calor se debe montar en la parte posterior del inversor, directamente al disipador de calor.

Tabla 2.8 Valor de la Resistencia de Frenado Dinámica – 3% del Ciclo de Trabajo Pesado									
Inversor		Resistencia de Frenado Dinámico							
Voltaje de Alim.	Modelo	No. Parte	Cantidad Requerida	Resistencia (Ohms)	Potencia (Watts)	Torque de Frenado Aprox. (%)	Dimensiones		
							Alto	Ancho	Profundidad
240	20P4	R7505	1	200	150	220	7.16	1.73	0.51
	20P7	R7505	1	200	150	125	7.16	1.73	0.51
	21P5	R7504	1	100	150	125	7.16	1.73	0.51
	22P2	R7503	1	70	150	120	7.16	1.73	0.51
	23P7	R7510	1	62	150	100	7.16	1.73	0.51
480	40P4	R7508	1	750	150	230	7.16	1.73	0.51
	40P7	R7508	1	750	150	130	7.16	1.73	0.51
	41P5	R7507	1	400	150	125	7.16	1.73	0.51
	42P2	R7506	1	115	150	115	7.16	1.73	0.51
	43P7	R7505	1	200	150	110	7.16	1.73	0.51

▪ Instalación

La instalación deberá realizarse sólo por capacitado que este familiarizado con éste tipo de equipos y los peligros que envuelve.

⚠ Advertencia

El alto Voltaje puede causar daños severos e incluso la muerte. Apague la Fuente de Alimentación del Inversor. Una falla siguiendo los pasos de instalación puede causar daño en el equipo o lesiones.

Procedimiento Preliminar

1. Desconecte la alimentación del Inversor totalmente.

2. Remueva la cubierta frontal del inversor

3. Use un voltímetro para verificar que el voltaje este desconectado de las terminales de alimentación y el voltaje del Bus de CD este disipado.

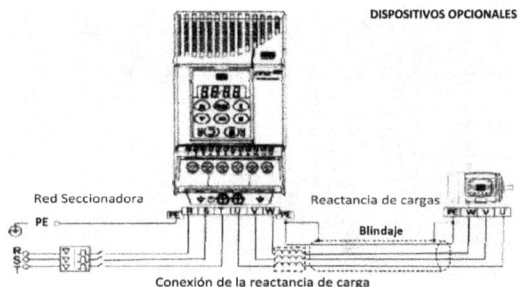

DISPOSITIVOS OPCIONALES

Red Seccionadora

Reactancia de cargas

PE

Blindaje

Conexión de la reactancia de carga

8.23 FRENADO REOSTACTICO

El frenado reostáctico es utilizado en los casos en que se desea tiempos cortos de desaceleración o en los casos de cargas con elevada inercia.

Para el correcto dimensionamiento del resistor de frenado débese tener en cuenta los datos de la aplicación como: tiempo de desaceleración, inercia de la carga, frecuencia de la repetición de frenado, etc

En cualquier caso, los valores de corriente eficaz y corriente de pico máximas deben ser respetados.

La corriente de pico máxima define el valor óhmico mínimo permitido por el resistor. Consultar la tabla 8.5.

Los niveles de tensión del link CC para la actuación del frenado reostáctico son los seguientes:

Convertidores alimentados en 200 V a 240 V: 375 Vcc
Convertidores alimentados en 380 V a 480 V: 750 Vcc

8.23.1 Dimensionamiento

El torque (par) de frenado que se puede lograr a través de la aplicación de convertidores de frecuencia, sin usar el módulo de frenado reostáctico, varía de 10 % hasta 35 % del torque (par) nominal del motor.

Durante la desaceleración, a energía cinética de la carga es regenerada al link CC (circuito intermediario). Esta energía carga los capacitores elevando la tensión. Caso no sea disipada podrá provocar sobretensión (E01) deshabilitado del convertidor. Para obtenerse pares de frenado mayores, se utiliza el frenado reostáctico. A través del frenado reostáctico la energía regenerada en exceso es disipada en un resistor instalado externamente al convertidor. La potencia del resistor de frenado es función del tiempo de desaceleración, de la inercia de la carga y del torque (par) resistente. Para la mayoría de las aplicaciones se puede utilizar un resistor con el valor óhmico indicado en la tabla a seguir y la potencia como siendo de 20% del valor del motor accionado. Utilizar resistores del tipo CINTA o HILO en soporte cerámico con tensión de aislamiento

Modelo del Convertizor	Corriente Máxima de Frenado	P_máx (Potencia Máxima del Resistor)	Corriente Eficaz de Frenagem (*)	P_rated (Potencia Resistor)	Resistor Recomendado	Cableado Recomendado
1,6 A / 200-240 V						
2,8 A / 200-240 V						
4,0 A / 200-240 V		Frenado no disponible				
7,0 A / 200-240 V						
7,3 A / 200-240 V	10 A	3,9 kW	5 A	0,98 kW	39 Ω	2,5 mm²/ 14 AWG
10 A / 200-240 V	15 A	6,1 kW	7 A	1,3 kW	27 Ω	2,5 mm²/ 14 AWG
16 A / 200-240 V	20 A	8,8 kW	10 A	2,2 kW	22 Ω	4 mm²/ 12 AWG
22 A / 200-240 V	26 A	10,1 kW	13 A	2,5 kW	15 Ω	6 mm²/ 10 AWG
28 A / 200-240 V	26 A	10,1 kW	18 A	3,2 kW	15 Ω	6 mm²/ 10 AWG
33 A / 200-240 V	38 A	14,4 kW	18 A	3,2 kW	10 Ω	6 mm²/ 10 AWG
1,0 A / 380-480 V						
1,6 A / 380-480 V		Frenado no disponible				
2,6 A / 380-480 V						
2,7 A / 380-480 V	6 A	4,6 kW	3,5 A	1,6 kW	127 Ω	1,5 mm²/ 16 AWG
4,0 A / 380-480 V		Frenado no disponible				
4,3 A / 380-480 V	6 A	4,6 kW	3,5 A	1,6 kW	127 Ω	1,5 mm²/ 16 AWG
6,5 A / 380-480 V	8 A	6,4 kW	4 A	1,6 kW	100 Ω	2,5 mm²/ 14 AWG
10 A / 380-480 V	16 A	12 kW	10 A	4,7 kW	47 Ω	4 mm²/ 12 AWG
13 A / 380-480 V	24 A	19 kW	14 A	6,5 kW	33 Ω	6 mm²/ 10 AWG
16 A / 380-480 V	24 A	19 kW	14 A	6,5 kW	33 Ω	6 mm²/ 10 AWG
24 A / 380-480 V	35 A	27 kW	21 A	7,9 kW	22 Ω	6 mm²/ 10 AWG
30 A / 380-480 V	43 A	33 kW	27 A	10,9 kW	18 Ω	8 mm²/ 10 AWG

(*) La corriente eficaz puede ser calculada a través de:

$$I_{eficaz} = I_{máx} \sqrt{\frac{t_{br}^{min}}{5}}$$

siendo t_{br} corresponde a la suma de los tiempos de actuación del frenado durante el más severo ciclo de 5 minutos.

Tabla - Resistores de frenado recomendados

124

Compatibilidad Electromagnética (EMC)

♦ Introducción

Para cumplir con la Normatividad EMC (Compatibilidad Electro-Magnética), es necesario seguir al pie de la letra las instrucciones de instalación y de cableado contenidas en este manual.

Los productos Yaskawa son probados y certificados por Laboratorios Independientes de conformidad con EMC 89/336/EEC y corregido por 91/263/EEC, 92/31/EEC, 93/68/EEC

El F7 cumple con las siguientes normas:

EN61800-3:1996,A11: 2000-01	EN 61000-4-5: 1995-03	VDE0847 Parte 4-13: 1996
EN 55011: 2000-5	EN 61000-4-6: 1996-97	IEC 61000-2-1: 1994
EN 61000-4-2: 1995-03	EN 61000-4-11: 1994	IEC1000-4-27:1997
EN 61000-4-3: 1997	CISPR 11: 1997	
EN 61000-4-4: 1995-03	VDE0847 Parte 4-28: 1997	

♦ Medidas a considerar al instalar un equipo Yaskawa para cumplir con las especificaciones de EMC

Los Inversores Yaskawa no requieren ser instalados en un gabinete para operar.

No es posible detallar todos los posibles tipos de instalación, por lo que en este manual se describe una Guía General de Instalación.

Todos los equipos eléctricos generan interferencia electromagnética a diferentes frecuencias. Ésta pasa a través de las líneas de alimentación al ambiente como si fuera una antena. Conectar cualquier equipo eléctrico (e.g. Inversor) a una fuente de alimentación sin un Filtro de Línea, permite una interferencia de Alta o Baja Frecuencia que puede penetrar en el sistema de distribución eléctrica. La contramedida básica es aislar el cableado de control y los componentes de potencia, una tierra apropiada y blindaje de cables.

Una amplia área de contacto es necesaria aterrizar una interferencia de alta frecuencia a una tierra de baja impedancia. El uso de correas de tierra, en lugar de cables, es altamente recomendado.

El cable blindado debe ser conectado con sujetadores a tierra.

La certificación CE para EMC se puede lograr usando los Filtros de Línea especificados por este manual y siguiendo las indicaciones para su apropiada instalación.

Diagrama de conexiones.

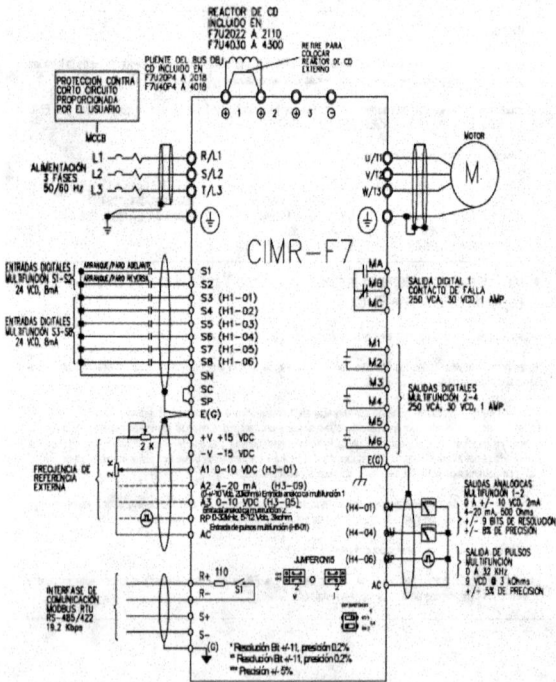

Fig nº 44, cableado externo de un variador.

Fig nº 45, operador digital

Operador Digital

El Operador Digital es utilizado para programar, operar, monitorear y copiar los parámetros del Inversor. Para copiar los parámetros, los Inversores deben tener la misma versión de Software, modelo y método de Control. Los componentes del

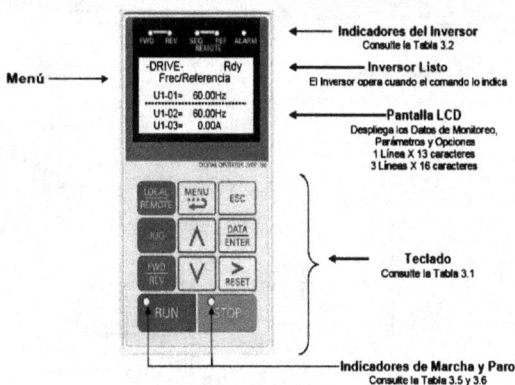

Indicadores del Inversor
Consulte la Tabla 3.2

Inversor Listo
El Inversor opera cuando el comando lo indica

Pantalla LCD
Despliega los Datos de Monitoreo,
Parámetros y Opciones
1 Línea X 13 caracteres
3 Líneas X 16 caracteres

Teclado
Consulte la Tabla 3.1

Indicadores de Marcha y Paro
Consulte la Tabla 3.5 y 3.6

Menú

EJEMPLO DE DATOS MOSTRADOS

- **PG-D2**

La especificación de las terminales de la tarjeta PG-D2 se muestran en la tabla 2.20

Tabla 2.20 Terminales de la Tarjeta PG-D2			
Terminal	No.	Contenido	Especificación
TA1	1	Fuente de Alimentación para el Generador de Pulsos	12 VDC (± 5%), 200 mA máx. *
	2		0 VDC (GND para Fuente de Alimentación)
	3		5 VDC (± 5%), 200 mA máx. *
	4	Terminal de Entrada de Pulsos	Entrada de Line-driver (Nivel RS-422)
	5		Frecuencia Máxima de Respuesta: 300 kHz
	6	Terminal Común	-
	7	Terminales de Salida para el Monitor de Pulsos	Salida de line-driver (Nivel RS-422)
	8		
TA2	(E)	Terminal de Conexión del Blindaje	-
* Las terminales de 5 VCD y 12 VCD no pueden utilizarse al mismo tiempo			

- **Cableado de la tarjeta PG-D2**

Un ejemplo de cableado para la PG-D2 se muestra en la figura 2.20

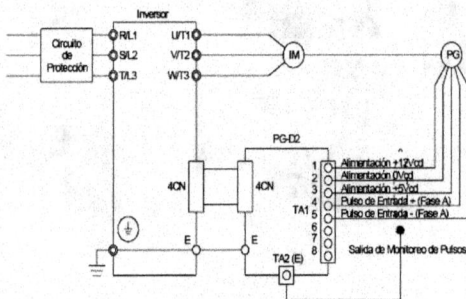

- Use cable de par trenzado blindado para las líneas de señales
- No utilice la fuente de alimentación de la Tarjeta para otro propósito que el generador de pulsos. El uso de la fuente para otros propósitos puede ocasionar mal funcionamiento debido por el ruido
- La longitud del cableado del generador de pulsos no debe ser mayor a 100

Figura 2.20 Cableado de la Tarjeta PG-D2

Instalación Eléctrica 2-34

Fig n º 46, datos en la pantalla.

EJEMPLO DE DATOS MOSTRADOS

Use las teclas [∧] y [∨] para desplazarse a través del Menú Operación. Consulte el Apéndice A para ver la descripción de las funciones.

Tabla 3.8 U1 Lista de parámetros de monitoreo	
Parámetros de Monitoreo	
U1-01 Frecuencia de Referencia	U1-24 Valor de Retroalimentación de PI
U1-02 Frecuencia de Salida	U1-25 Estado de las Entradas DI-16 H2
U1-03 Corriente de Salida	U1-26 Referencia de Voltaje de Salida (Vq)
U1-04 Método de Control	U1-27 Referencia de Voltaje de Salida (Vd)
U1-05 Velocidad del Motor	U1-28 Número de CPU
U1-06 Voltaje de Salida	U1-29 KWh (Menor de 4 dígitos)
U1-07 Voltaje del Bus de CD	U1-30 MWh (Mayor de 5 dígitos)
U1-08 Potencia de Salida	U1-32 Salida ACR (q)
U1-09 Referencia de Torque	U1-33 Salida ACR (d)
U1-10 Estado de las Terminales de Entrada	U1-34 OPE Detectado
U1-11 Estado de las Terminales de Salida	U1-35 Conteo de pulsos para función Zero Servo
U1-12 Estado de la operación del Inversor	U1-36 Entrada PID
U1-13 Tiempo Acumulado de Operación	U1-37 Salida PID
U1-14 Versión del Software	U1-38 Punto de Referencia de PID
U1-15 Voltaje de Entrada de la Terminal A1	U1-39 Código de Error de Modbus
U1-16 Voltaje de Entrada de la Terminal A2	U1-40 Tiempo de Operación de PID
U1-17 Voltaje de Entrada de la Terminal A3	U1-41 Temperatura del Disipador
U1-18 Corriente Secundaria del Motor (Iq)	U1-44 Salida ASR con o sin Filtro
U1-19 Corriente de Excitación del Motor (Iq)	U1-45 Retroalimentación de la salida de control
U1-20 Frecuencia de Salida después de Arranque-Suave	U1-46 Retroalimentación del valor de la velocidad
U1-21 Entrada RVA	U1-49 Capacidad del CPU
U1-22 Salida RVA con Filtro	
Nota: Algunos parámetros de Monitoreo no están disponibles para todos los Métodos de Control (A1-02).	

129

Teclado del Operador Digital

Los nombres y funciones del teclado del Operador Digital son descritas en la Tabla 3.1

Tabla 3.1 Teclado del Operador Digital		
Tecla	Nombre	Función
LOCAL REMOTE	LOCAL / REMOTO	• Cambia el modo de operación: operador digital (LOCAL) o por medio de los parámetros (REMOTO) b1-01 (Selección de la frecuencia de referencia) y b1-02 (Selección del comando de marcha). • Esta tecla puede ser habilitada y deshabilitada en el parámetro o2-01 • El Inversor debe estar en paro antes de hacer el cambio entre LOCAL y REMOTO
MENU	MENÚ	• Permite navegar a través de los cinco Menús Principales: Operación (-Drive), Programación Rápida (-Quick), Programación (-Adv.), Constantes Modificadas (-Verify) y Auto Ajuste (-A Tune)
ESC	SALIR	• Regresa a la opción anterior, antes de que la tecla DATA/ENTER fuera presionada.
JOG	JOG	• Habilita la operación del JOG cuando el inversor es operado desde el Operador Digital (LOCAL).
FWD REV	AVANCE / REVERSA	• Selecciona el sentido de rotación del motor cuando el inversor es operando desde el Operador Digital (LOCAL).
∧	INCREMENTAR	• Incrementa el número de parámetro y valores. • Se usa para mover al siguiente parámetro o valor.
∨	DECREMENTAR	• Decrementa el número de parámetro y valores. • Se usa para mover al parámetro o valor anterior.
> RESET	DESPLAZAR / RESTABLECER	• Selecciona el Dígito que va a ser modificado. El dígito seleccionado deberá parpadear. • Restablece el Inversor cuando se presenta una falla. El comando de Marcha deberá estar desactivado antes que el comando RESET sea aceptado.
DATA ENTER	DATOS / ACEPTAR	• Acepta los Menús, parámetros y valores.
RUN	MARCHA	• Pone en MARCHA el Inversor cuando se opera desde el Operador Digital (LOCAL).
STOP	PARO	• Detiene la operación del Inversor • Esta tecla puede habilitarse o deshabilitarse cuando se opera desde una terminal externa o por comunicación, mediante la configuración del parámetro o2-02

No. Parámetro	Nombre Parámetro / Visualización en el Operador Digital	Descripción	Rango	Configuración de fábrica	V/F	V/F con GP	VLA	FV
E1-01	Configuración del Voltaje de Entrada / Tensión de Entrada	Configuración el voltaje nominal de la línea de alimentación, configurado del voltaje máximo utilizado por los patrones de V/F (E1-3÷0 a E), ajustando los niveles de protección del inversor (es decir, sobrevoltaje, encendido de la resistencia de frenado, prevención de bloqueo, etc.)	155 a 255.0 (240V) 310 a 510.0 (480V)	240V / 480V	Q	Q	Q	Q
E1-03	Selección del Patrón V/F / Selec/V/F	Configuración del tipo de motor que está siendo utilizado y el tipo de aplicación. El Inversor opera utilizando un patrón V/F establecido para determinar el nivel de voltaje de salida apropiado para cada uno de los comandos de velocidad. Existen 15 diferentes patrones V/F preestablecidos para seleccionar desde (E1-03= 0 a E) con una variedad de perfiles de voltaje, niveles básicos(nivel básico = frecuencia en la cual el voltaje máximo es alcanzado), y frecuencias máximas. También existen configuraciones para personalizar los patrones V/F que usarán las configuraciones de los parámetros E1-04 a E1-13. E1-03= F selecciona patrón V/F personalizado con límite para voltaje superior y E1-03=FF selecciona patrón V/F personalización sin un límite para voltaje superior. 0 : 50Hz 1 : 60 Hz 2 : 60 Hz (Base de 50Hz) 3 : 72 Hz (Base de 60Hz) 4 : 50 Hz VT1 5 : 50 Hz VT2 6 : 60 Hz VT1 7 : 60 Hz VT2 8 : 50 Hz HST1 9 : 50Hz HST2 A : 60 Hz HST1 B : 60 Hz HST2 C : 90 Hz (Base de 60 Hz) D : 120 Hz (Base de 60 Hz) E : 180 Hz (Base de 60 Hz) F : V/F del usuario FF : Personalización sin límite	0 a FF	F	Q	Q	–	–
E1-04	Frecuencia de Salida Máxima / Frecuencia Max	Estos parámetros solamente pueden aplicarse cuando la selección del patrón V/F está personalizada (E1-03=F o FF). Para establecer las características del V/F en línea recta, establezca los mismo valores para E1-07 y E1-09. En este caso, la configuración para E1-08 será indiferente. Asegúrese siempre de que las cuatro frecuencias están configuradas de las siguiente manera: E1-04 ≥ E1-21 ≥ E1-06 > E1-07 ≥ E1-09 E2-04 es configurado automáticamente durante el auto ajuste.	TP-40.0 a 300.0 TN2-40.0 a 400.0	60.0Hz	Q	Q	Q	Q
E1-05	Voltaje de Salida Máximo / Tensión máxima		0 a 255.0 (240V) 0 a 510.0 (480V)	240 V / 480V	Q	Q	Q	Q
E1-06	Frecuencia Base / Frecuencia Base		0.0 a 200.0	60.0Hz	Q	Q	Q	Q
E1-09	Frecuencia de Salida Mínima / Frecmínima		0.0 a 200.0	1.5Hz	Q	Q	Q	A
E1-13	Voltaje Base / Tensión Base		0 a 255.0 (240V) 0 a 510.0 (480V)	0.0VAC	A	A	Q	Q
E2-01	Corriente Nominal del Motor / CorrNominalMotor		Varía en kVA	Varía en kVA	Q	Q	Q	Q
E2-04	Número de Polos del Motor / Número de Polos		2 a 48	4	–	Q	–	Q
E2-11	Salida Nominal del Motor / Potencia Nominal del Motor	Configure la potencia nominal del motor en Kw. Este valor es configurado automáticamente durante el auto ajuste	0.00 a 650.0	Varía en kVA	Q	Q	Q	Q
F1-01	Parámetro GP / Pulsos/Rev de GI	Configura el número de pulsos por revolución del encoder (generador de pulsos). Este valor es configurado automáticamente durante el auto ajuste.	0 a 60000	1024	–	Q	–	Q

♦ Significa que el parámetro puede ser cambiado mientras el Inversor opera

131

♦ Configuración Rápida de Parámetros

Los siguientes parámetros del Inversor están ubicados en el menú de configuración rápida necesitan ser ajustados de acuerdo a la aplicación. Refiérase al Capítulo 5 Programación Básica para mas detalles de cada parámetro.

Nota: No todos los parámetros están disponibles para todos los Métodos de Control. Vea la columna de Método de Control.

No. Parámetro	Nombre Parámetro Visualización en el Operador Digital	Descripción	Rango	Configuración de fábrica	V/F	V/F con GP	VLA	FV
A1-01	Selección del Método de Control Método de Control	Selecciona el Método de Control del Inversor: 0: Control V/F sin GP 1: Control V/F con GP 2: Vector Lazo Abierto 3: Flux Vector (Control Lazo Cerrado)	0 a 3	0	Q	Q	Q	Q
b1-01	Selección de Frecuencia de Referencia Gener/Referencia	Selecciona el método de entrada de la Frecuencia de referencia. 0: Operador – Digital velocidad preseleccionada U1-01 o d1-01 a d1-17 1: Terminales – Terminal de entrada analógica A1 (Sumatoria de Terminal A2 con terminal H3-09-00). 2: Comunicación Serial - Modbus RS-422/485 terminales R+,R-,S+ y S- 3: Tarjeta Opcional – Tarjeta Opcional conectada en 2CN 4: Entrada de pulsos	0 a 4	1	Q	Q	Q	Q
b1-02	Selección del Comando de Arranque Gener/da marcha	Selecciona el método de entrada del comando de arranque. 0: Operador – teclas RUN y STOP en el Operador Digital 1: Terminales -contacto cerrado en la terminal S1 o S2 2: Comunicación Serial - Modbus RS-422/485 terminales R+,R-,S+ y S- 3: Tarjeta Opcional – Tarjeta Opcional conectada en 2CN	0 a 3	1	Q	Q	Q	Q
b1-03	Selección del Método de Paro Método de Paro	Selecciona el método de paro cuando el comando de arranque es desactivado. 0: Rampa de Frenado 1: Paro por inercia 2: Paro por inyección de DC 3: Paro por inercia con temporizador (un nuevo comando de arranque es ignorado antes de que el tiempo haya terminado.)	0 a 3	0	Q	Q	Q	Q
C1-01 ♦	Tiempo de aceleración 1 Tiempo Acelerar 1	Configura el tiempo de aceleración de cero hasta la frecuencia máxima (E1-04).	0.0 a 6000.0	10.0seg	Q	Q	Q	Q
C1-02 ♦	Tiempo de Desaceleración 1 Tiempo Desacel 1	Configura el tiempo de desaceleración desde la frecuencia máxima hasta cero (E1-04).			Q	Q	Q	Q
C6-02	Selección de la frecuencia portadora Sel/FrecPortadora	Selecciona el número de pulsos por segundo de la curva de la salida de voltaje. Configura el rango determinado por C6-01. 0: Poco ruido 1: Fc = 2.0 kHz 2: Fc = 5.0 kHz 3: Fc = 8.0 kHz 4: Fc = 10.0 kHz 5: Fc = 12.5 kHz 6: Fc = 15.0 kHz F: Programa (determinado por configuración de C6-03 a C6-05)	1 a F	Varía en kVA	Q	Q	Q	Q
d1-01 ♦	Frecuencia de referencia 1 Referencia 1	El valor configurado estará afectado por o1-03	0.00 a al Valor E1-04	0.00 Hz	Q	Q	Q	Q
d1-02 ♦	Frecuencia de referencia 2 Referencia 2	Referencia de frecuencia cuando la entrada de multifunción "referencia de multivelocidad 1" está activada. El valor configurado estará afectado por o1-03.		0.00 Hz	Q	Q	Q	Q
d1-03 ♦	Frecuencia de referencia 3 Referencia 3	Referencia de frecuencia cuando la entrada de multifunción "referencia de multivelocidad 2" está activada. El valor configurado estará afectado por o1-03.		0.00 Hz	Q	Q	Q	Q
d1-04 ♦	Frecuencia de referencia 4 Referencia 4	Referencia de frecuencia cuando la entrada de multifunción "referencias de multivelocidad 1,2" están activadas. Los valores configurados estarán afectados por o1-03.		0.00 Hz	Q	Q	Q	Q
d1-17 ♦	Frecuencia de referencia Jog Referencia Jog	Frecuencia de referencia cuando: "Referencia Jog", "Avance Jog" o "Reversa Jog" están seleccionados vía entrada multifunción o pulsando la tecla JOG en el operador. La referencia Jog tiene prioridad sobre la frecuencia de referencia 1 a 4. El valor configurado estará afectado por o1-03.		6.00 Hz	Q	Q	Q	Q

♦ Significa que el parámetro puede ser cambiado mientras el inversor opera

Procedimiento para el Arranque del Inversor

☐ 1 . Confirme que las tres fases estén presentes y que la entrada de voltaje es la adecuada para que el Inversor sea configurado. Mida el voltaje en al línea al lado de los termomágneticos del inversor y regístrelo en la siguiente tabla.

Tabla 4.1 Verificación del Voltaje de Entrada	
Ubicación de la Medición	Voltaje (VAC)
L1-L2	
L2-L3	
L1-L3	

☐ 2 . Si el nivel del voltaje está dentro del de la especificación del voltaje del Inversor, ENERGICE el Inversor. Los indicadores de STOP, AUTO SEQ y AUTO REF deben de encenderse en el Operador Digital.

☐ 3 . DESENERGICE el Inversor. Espere a que se apague el Led de CARGA ROJO (ubicado junto a las terminales de potencia).

☐ 4 . Conecte los cables del motor a las terminales U/T1, V/T2 y W/T3.

☐ 5 . ENERGICE el Inversor.

☐ 6 . Determine el método de control adecuado para la aplicación: Control V/F, Control V/F con Encoder, Vectorial de Lazo Abierto, o Control de Flujo Vectorial.

☐ 7 . Si el método seleccionado requiere de un encoder en el motor (Control V/F Lazo Cerrado, Control Flux Vector), verifique que la tarjeta adecuada de PG esté instalada en el Inversor y que todo el cableado del encoder esté correcto. Verifique el tipo de Line Driver (8830, 88C30), los niveles de salida, la cuadratura (A+,A-,B+,B-, etc.) y los PPR (pulsos por revolución) del encoder. Para más detalles Refiérase al Capítulo 2 – Instalaciones Eléctricas.

☐ 8 . Continúe con el Procedimiento correcto de Arranque según el Método de Control:

Tabla 4.2 Procedimiento de Arranque según el Método de Control	
Método de Control	Sección
V/F	Arranque V/F
Control V/F Lazo Cerrado	Arranque V/F Lazo Cerrado
Control Vectorial a Lazo Abierto	Arranque con Control Vectorial de Lazo Abierto
Control Flux Vector	Arranque con Control Flux Vector

No. Parámetro	Nombre Parámetro Visualización en el Operador Digital	Descripción	Rango	Configuración de fábrica	Método de Control			
					V/F	V/F con GP	VLA	FV
H402	Configuración de la ganancia de la terminal FM Gananc Terminal FM	Configuración del voltaje de salida de la terminal FM (porcentajes de 10 Vdc) cuando el monitor seleccionado esta al 100% de la salida	0.0 a 100.0	100%	Q	Q	Q	Q
H405	Configuración de la ganancia de la terminal AM Gananc Terminal AM	Configuración del voltaje de salida terminal FM (porcentajes de 10 Vdc) cuando el monitor seleccionado esta al 100% de la salida	0.0 a 100.0	50%	Q	Q	Q	Q
L1-01	Selección de la protección contra sobrecarga del motor Selecc/Falla SMC	Configuración de la protección térmica contra sobrecarga (OL1) basada en la capacidad de refrigeración del motor. 0: Deshabilitado 1: Ventilación estándar (motor <10:1) 2: Ventilación forzado estándar (motor 10:1) 3: Motor Vectorial (motor 1000:1)	0 a 1	1	Q	Q	Q	Q
L3-04	Selección de prevención de bloqueo durante la desaceleración Sel Decel Prev Bloq	Cuando se utiliza una Resistencia de Frenado, utilice la configuración '0'. La configuración de '3' es utilizada en aplicaciones más específicas. 0: Deshabilitado – El inversor desacelerara de acuerdo al rango de desaceleración establecido. Si la carga es muy grande o es muy corto el tiempo de desaceleración, una falla OV puede ocurrir. 1: Propósito General - El Inversor desacelerara de acuerdo al rango de desaceleración establecido, pero si el circuito principal del bus DC alcanza el voltaje de prevención de bloqueo (380/760 V DC), la desaceleración se detendrá. La desaceleración continuará una vez el nivel del bus DC caiga por debajo del nivel de prevención de bloqueo. 2: Inteligente – El rango de desaceleración establecido será ignorado y el inversor desacelerará tan rápido como pueda sin alcanzar el nivel de falla OV 3: Prevención de Bloqueo con Resistencia de Frenado	0 a 3	1	Q	Q	Q	Q
♦ Significa que el parámetro puede ser cambiado mientras el inversor opera								

☐ 4. Si está usando un comando de velocidad externo, determine si el comando de velocidad es una señal de 0-10 Vdc o de 4-20mA. Conecte el positivo de la señal de 0-10Vdc a la terminal a A1. Conecte el positivo de la señal de 4-20mA a la terminal A2. Conecte el COMÚN del comando de velocidad a la terminal AC.

Nota: Conecte una sola entrada. La configuración de fábrica es de 0-10Vdc. Para cambiar a 4-20mA ajuste el parámetro H3-01 a "2: 4-20mA" y asegúrese de que el interruptor DIP S1-2 (ubicado en la tarjeta) este en ON.

☐ 5. Verifique que la polaridad de la señal sea la apropiada. Observe si el comando de velocidad puede lograr las velocidades máximas y mínimas deseadas. Si no haga lo siguiente:

Para la entrada 0-10 Vdc (terminal A1)

1. Sin entrada, ajuste el Bias (Configuración de H3-03) hasta que una salida de "0.00Hz" sea obtenida

2. Con la entrada en toda la escala, ajuste la Ganancia (Configuración de H3-02) hasta que una salida de "60.0Hz" (o cualquier otra frecuencia máxima deseada) sea obtenida.

Para una entrada 4-20mA (terminal A2)

1. Con una entrada de 4mA, ajuste el Bias (Configuración de H3-11) hasta que una salida de "0.00Hz" sea obtenida.

2. Con una entrada de 20mA, ajuste la Ganancia (Configuración de H3-03) hasta una salida de "60.0Hz" (o cualquier otra frecuencia máxima deseada) sea obtenida

ESTO COMPLETA EL PROCEDIMIENTO DE ARRANQUE DEL INVERSOR

♦ Arranque de Prueba

☐ 1. Presione la tecla [LOCAL REMOTE] una vez. Esto permitirá operar el Inversor en Modo Local, habilitando los comandos de arranque/paro y velocidad en el Operador Digital. Los indicadores de **SEQ AUTO** y **REF AUTO** se apagarán y indicación de FWD se encenderá .

☐ 2. Arranque el Inversor a diferentes frecuencias y anote los valores de los monitores. Con el Inversor en Modo Local presione la tecla [DATA ENTER] hasta el monitor de Frecuencia de Referencia (U1-01). Utilice las teclas [∧] [∨] y [> RESET] para configurar la frecuencia de referencia. Luego presione la tecla [DATA ENTER] para aceptar la frecuencia de referencia ingresada. Arranque el Inversor en la frecuencia de referencia configurada presionando la tecla [RUN] Utilice las teclas [∧] y [∨] para ver la corriente de salida (U1-03), voltaje de salida (U1-07) y el voltaje en el bus de DC mientras opera el Inversor en todo el rango de velocidad. Anote la siguiente información en cada velocidad.

Frecuencia (Hz) Monitor U1-01	Corriente de Salida (A) Monitor U1-03	Voltaje de Salida (VAC) Monitor U1-06	Bus de Voltaje DC (Vdc) Monitor U1-07
6.0			
10.0			
15.0			
20.0			
25.0			
30.0			
35.0			
40.0			
45.0			
50.0			
55.0			
60.0			

Cuando la tabla esté completa, presione la tecla [STOP]. El Inversor se detendrá y la luz de FWD seguirá encendida. Este paso provee datos de referencia para la aplicación desde el arranque inicial.

☐ 3. Presione la tecla [MENU] una vez para visualizar "Operación". Presione la tecla [DATA ENTER] para visualizar "Frecuencia de Referencia". Si está utilizando un comando remoto de velocidad , presione la tecla [LOCAL REMOTE] , entonces, los indicadores de **SEQ REF** y **AUTO REF** se enciendan. Esto pondrá el Inversor en modo remoto.

135

F7 Parámetros Básicos de Programación

♦ Tabla de Descripción de Parámetros

Este capítulo detalla todos los parámetros del Menú de Configuración Rápida (QUICK). Algunos parámetros no están disponibles para todos los Métodos de Control. Ver apéndice A para mas detalles. Configura el rango y valor predefinido de fabrica de los parámetros siguiendo la tabla de método de control para cada parámetro.

♦ Método de Control

- A1-02 Selección del Método de Control

Configuración	Descripción
0	Control V/F (Valor preseleccionado de fabrica)
1	V/F con retroalimentación de GP
2	Vector Lazo Abierto
3	Vector de Flujo

La configuración del parámetro A1-02 determina que método de control usará el Inversor para su operación. Selección del método de control más adecuado para la aplicación.

El Control V/F es para aplicaciones de propósito general y múltiples motores.

El Control V/F con retroalimentación de GP es para aplicaciones de propósito general donde se requiere control de velocidad a lazo cerrado.

El Control Vector Lazo Abierto es para aplicaciones donde se requiere control preciso de velocidad, rápida respuesta, y alto par a velocidades bajas (150% de par a menos 1Hz).

El Control Vector de Flujo es para aplicaciones donde se requiere velocidad muy precisa y control de par a un ancho rango de velocidad incluyendo velocidad cero. Requiere de encoder de retroalimentación.

♦ Método de Paro

- b1-03 Selección del Método de Paro

Configuración	Descripción
0	Rampa de paro (Valor predefinido de fabrica)
1	Paro con giro libre
2	Paro por Inyección de CD
3	Giro libre con temporizador

Estos son los cuatro métodos de paro del inversor cuando el comando de arranque es removido.

0: Rampa de paro: Cuando el comando de arranque es removido, el Inversor desacelera el motor a la frecuencia mínima de salida (E1-09) y entonces detiene. El rango de desaceleración es determinado por el tiempo de desaceleración activo. El valor preseleccionado de fabrica del tiempo de desaceleración esta en el parámetro C1-02.

Cuando la frecuencia de salida se ha dejado caer por debajo de la frecuencia del inicio de inyección de CD (b2-01) o la frecuencia mínima de salida (E1-09) (cualquiera es mayor), la desaceleración parara y corriente de CD se inyectará al motor al nivel actual configurado en b2-02 durante el tiempo configurado en b2-04.

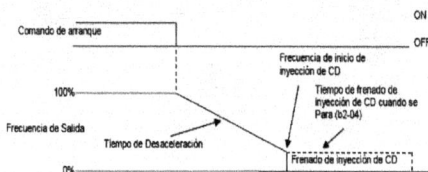

Fig. 5.3 Rampa de Paro

El tiempo de desaceleración actual esta determinado por la siguiente formula:

$$Tiempo\ de\ paro = \frac{Comando\_tiempo\_de\_Paro\_de\_Frecuencia\_de\_Salida}{Frecuencia\_Maxima\_(E1-04)} x Tiempo\_de\_desaceleracion$$

IMPORTANTE Si las características de las curvas S son configuradas en la programación del Inversor, se agregará al tiempo total de paro.

1: Paro con giro libre: Cuando el comando de arranque es removido, el inversor apaga sus transistores. La fricción del equipo superará eventualmente cualquier inercia residual del sistema y del motor se detendrán

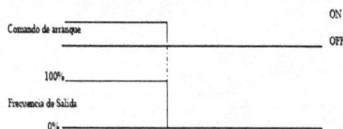

Fig. 5.4 Paro con Giro Libre

IMPORTANTE Después que un paro es iniciado, un subsiguiente comando de arranque será ignorado hasta que el tiempo mínimo de bloqueo de base (L2-03) haya expirado.

2: Paro por Inyección de CD: Cuando el comando de arranque es removido, el Inversor bloquea la base (apaga todos los transistores de salida) por el tiempo mínimo de bloqueo de base (L2-03). Una vez que l tiempo mínimo de bloqueo de base haya expirado, el inversor inyectara corriente de DC en el embobinado del motor para tratar y bloquear la flecha del motor. El tiempo de paro se reducirá comparado con el Paro con giro libre. El nivel de inyección el nivel de inyección de CD es configurado en el parámetro b2-02. El Tiempo de frenado por inyección de CD es determinado por la configuración del valor en b2-04 y por la frecuencia de salida en el momento que el comando de arranque es removido.

$$Tiempo\_de\_Frenado\_de\_CD = \frac{(b2-04) \times 10 \times Frecuencia\_de\_Salida}{Frecuencia\_Maxima\_(E1-04)}$$

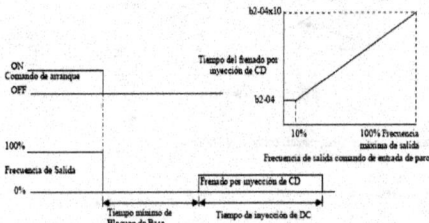

Fig. 5.5 Frenado de inyección de CD al paro.

IMPORTANTE | Si ocurre una falla de sobre corriente (OC) durante el frenado por inyección de corriente de CD para parar , se alarga el Tiempo mínimo de bloqueo de base (L2-03) hasta que la falla ya no ocurra.

3: Paro con giro libre con temporizador: Cuando el comando de arranque es removido, el inversor apaga sus transistores de salida y el motor para con giro libre con temporizador. Si el comando de arranque es introducido antes de que el tiempo termine, el Inversor no arrancara y el comando de arranque será ignorado. El valor del temporizador es determinado por la activación del tiempo de desaceleración y la frecuencia de salida cuando el comando de arranque es removido.

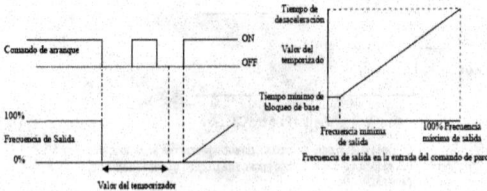

Fig. 5.6 Paro con giro libre con temporizador.

138

♦ Tiempo de Aceleración / Desaceleración

- C1-01 Tiempo de aceleración 1

- C1-01 Tiempo de desaceleración 1

Rango de ajuste: 0.0 a 6000.0
Valor preseleccionado de fabrica: 10.0seg.

C1-01 (tiempo de aceleración 1) configura el tiempo de aceleración desde cero a la frecuencia máxima de salida (E1-04). C1-02 (Tiempo de desaceleración 1) configura el tiempo de desaceleración desde la frecuencia máxima de salida a cero. C1-01 y C1-02 son valores de aceleración/desaceleración activos preseleccionados de fabrica. La Alternación de los valores de aceleración/desaceleración (C1-03 hasta C1-08) puede activarse por medio de las entradas digitales de multifunción (H1-0□ =7 y 1A), o especificarse por medio del el cambio sobre la frecuencia (C1-11). Ver figura 5.7 de abajo.

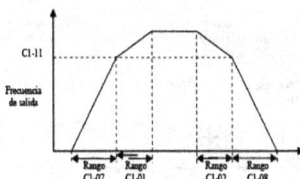

Fig. 5.7. Cambio de Tiempo de aceleración / desaceleración sobre la frecuencia

♦ Frecuencia Portadora

• **C6-02 Selección de la Frecuencia Portadora**

Configuración	Descripción
0	Ruido Bajo
1	Fc =2.0kHz
2	Fc =5.0kHz
3	Fc =8.0kHz
4	Fc =10.0kHz
5	Fc =12.5kHz
6	Fc =15.0kHz
7	Programa

* El Valor preseleccionado de fabrica depende del modelo.

El parámetro C6-02 configura el cambio de la frecuencia de los transistores de salida del inversor. Puede cambiarse para reducir el ruido audible de la portadora y también reduce la corriente de fuga. Casos en los que se pueda requerir el ajuste de C6-02:

* La longitud del cableado la instalación eléctrica entre el inversor y el motor es larga. Disminuya la frecuencia portadora.

Longitud del cableado	50 m o menos	100 m o menos	Mas de 100 m
Configuración de C6-02 (Frecuencia portadora)	1 a 6 (15kHz max.)	1 a 4 (10kHz max)	1 a 2 (5kHz max)

* Si la velocidad y par son inconsistentes en velocidades bajas, disminuir la frecuencia portadora.
* Si la corriente de fuga del inversor es alta, disminuir la frecuencia portadora.
* Si el ruido audible del motor es demasiado grande, incremente la frecuencia portadora.

El rango de la configuración depende de la configuración del parámetro C6-01 selección de trabajo ligero/pesado.

Si Trabajo Pesado es seleccionado (C6-01 = 0), el rango de selección de la frecuencia portadora es "0" (Ruido Bajo) o "1" (2.0kHz).

Si Trabajo Ligero es seleccionado (C6-01 = 1), el rango de selección de la frecuencia portadora es "0" (Ruido Bajo) a "F" (Programa).

Configuración de "F: Programa" permite que la frecuencia portadora varíe acorde a los parámetros C6-03 (Limite superior de la frecuencia portadora), C6-04 (Limite inferior de la frecuencia portadora), y C6-05 (Ganancia proporcional de la frecuencia portadora).

◆ Configuración del Voltaje de Entrada

▪ E1-01 Configuración del Voltaje de Entrada

Rango de valores: 155.0V a 255.0V (Modelos de 240V)
310.0V a 510.0V (Modelos de 480V)

Valor preseleccionado de fabrica: 220.0V (Modelos de 240V)
460.0V (Modelos de 480V)

Configura el parámetro de voltaje de entrada (E1-01) según el voltaje nominal de la fuente de poder de CA conectada. Este parámetro ajusta el nivel de algunas características de protección del Inversor (Sobrevoltaje, protección del transistor de frenado, prevención de bloqueo, etc.). E1-01 también sirve como voltaje máximo/base usado en la curva preestablecida de V/F (E1-03=0 a E).

▼ Advertencia

EL VOLTAJE DE ENTRADA DEL INVERSOR (NO EL VOLTAJE DEL MOTOR) DEBE CONFIGURARSE EN E1-01 PARA QUE LAS CARACTERÍSTICAS DE PROTECCIÓN DEL INVERSOR FUNCIONEN APROPIADAMENTE. LA FALLA EN HACERLO PUEDE PRODUCIR UN DAÑO AL EQUIPO Y/O UNA LESIÓN AL PERSONAL.

◆ Patrón de V/F

▪ E1-03 Selección del Patrón de V/F

Configuración	Descripción
0	50Hz
1	60Hz
2	60Hz (con 50Hz base)
3	72Hz (con 60Hz base)
4	50Hz PV1
5	50Hz PV2
6	60Hz PV1
7	60Hz PV2
8	50Hz APA1
9	50Hz APA2
A	60Hz APA1
B	60Hz APA2
C	90Hz (con 60HZ base)
D	120Hz (con 60Hz base)
E	180HZ (con 60Hz base)
F	V/F PersonalizadO *(Valor preseleccionado de fabrica)*
FF	Personalizado sin limite de voltaje
Nota: PV = Par Variable, APA = Alto Par de Arranque	

♦ Ajustes del Motor

▪ E2-01 Rango de Corriente del Motor

Rango de valores: Depende del Modelo
Valor preseleccionado de fábrica: Depende del Modelo

El parámetro de corriente nominal del motor (E2-01) es usado por el Inversor para proteger el motor y para un apropiado Control Vector cuando se usan los métodos de control Vector Lazo Abierto o Vector de Flujo (A1-02 = 2 o 3). El parámetro de protección del motor L1-01 está habilitado de fábrica. Configure E2-01 según la corriente a plana carga (FLA) que se encuentra estampada en la placa del motor.
Durante el Auto Ajuste, se requiere que el operador ingrese la corriente nominal del motor (T1-04) en el menú de Auto Ajuste. Si la operación del Auto Ajuste se completa con éxito, el valor ingresado en T1-04 automáticamente será escrito en E2-01.

▪ E2-04 Número de Polos del Motor

Rango de valores: 2 a 48
Valor preseleccionado de fábrica: 4

Este parámetro configura el número de polos del motor. Durante el Auto Ajuste, se requiere que el operador ingrese el número de polos del motor (T1-06) en el menú de auto ajuste. Si la operación del auto ajuste se completa con éxito, el valor ingresado en T1-06 automáticamente será escrito en E2-04.

▪ E2-11 Rango de Potencia del Motor

Rango de valores: 0.00 a 650.00kW
Valor preseleccionado de fábrica: Varia según kVA

Este parámetro configura la Potencia Nominal del motor en kilowatts (kW).
1HP 0 0.746kW

Durante el auto ajuste, se requiere que el operador ingrese la potencia nominal del motor (T1-02) en el menú de Auto Ajuste. Si la operación del auto ajuste se completa con éxito, el valor ingresado en T1-02 automáticamente será escrito en E2-11.

♦ Opciones del GP

▪ F1-01 Pulsos por Revolución del GP

Rango de valores: 0 a 60000
Valor preseleccionado de fábrica: 1024

Si la opción del encoder GP es usada en el Inversor, el número de pulsos por revoluciones (PPR) del GP debe ser configurado. Durante el auto ajuste, se requiere que el operador ingrese el número de pulsos por revolución del GP (T1-08) en el menú de Auto Ajuste. Si la operación del auto ajuste se completa con éxito, el valor ingresado en T1-08 automáticamente será escrito en F1-01.

♦ Si un Parámetro No se puede Configurar

Use la siguiente información si no se pueden configurar algún parámetro del Inversor.

▪ La Pantalla no cambia cuando las teclas de INCREMENTAR y DISMINUIR son presionadas

Las siguientes causas son posibles:

El inversor este operando (modo Inversor).

Hay algunos parámetros que no se pueden configurar durante la operación. Quite el comando de arranque y después configure el parámetro.

Habilitar escritura de Parámetros

Esto ocurre cuando la "Habilitación de escritura de parámetros" (valor de configuración: 1B) es configurada para las terminales de entradas digitales multifunción (H1-01 a H1-06). Si la terminal esta abierta, los parámetros del Inversor no pueden ser cambiados. Cierre la terminal y después configure el parámetro.

La contraseña no es igual (solo cuando la contraseña es configurada).

Si la configuración de los parámetro A1-04 (Contraseña) y A1-05 (configuración de contraseña) es diferente, el parámetro para el modo de inicialización no se pueden ser cambiados. Ingrese la contraseña correcta en A1-04.

Si usted no puede recordar la contraseña, visualice A1-05 (configuración de contraseña) presionando la tecla reset y la tecla de MENU simultáneamente mientras se visualiza A1-04. Reinicialize la contraseña y la entrada de reinicialización de contraseña en el parámetro A1-04.

▪ OPE01 a OPE11 es visualizado.

El valor configurado para los parámetros esta equivocado. Refiérase a la Tabla 6.3 Visualización de Errores de OPE en este capítulo y corrija la configuración.

▪ CPF00 o CPF01 es desplegada.

Este es un error de comunicación del operador digital. La conexión entre el operador digital y el inversor pueda ser la falla. Quite el operador digital y reinstálelo.

Mantenimiento Preventivo

Tabla 7.3 Mantenimiento preventivo				
Puntos de inspección	Elementos	Puntos a Checar	Cada 3-6 meses	Anual
General	Ambiente	Temperatura Ambiente	X	
		Humedad	X	
		Polvo	X	
		Gas Perjudicial	X	
		Niebla de Aceite	X	
	Equipo	Ruido o vibración anormal.	X	
	Alimentación de AC	Circuito principal y control de voltaje	X	
Circuito de Potencia AC y Dispositivos	Conductores y conexiones con cable	Terminales, tornillos y cables sueltos.		X
		Puntos de sobrecalentamiento		X
		Corrosión		X
		Conductores doblados		X
		Rupturas, Hendiduras o decoloración		X
		Chequeo de la separación		X
	Transformadores y Reactores	Decoloración o Ruido.	X	
	Bloques de Terminales	Sueltos, Dañados.		X
	Capacitores del Bus de DC	Fuga		X
		Rupturas, quebrados, expansión		X
		Capacitancia y resistencia de aislación		X
	Relevadores y Contactores	Ruidosos		X
		Decoloración de los contactos		X
	Resistencias de carga suave	Roturas		X
		Decoloración		X
Circuitos de Control	Operación	Referencia de velocidad		X
		Voltaje/Corriente		
		Operación de contactos I/O		X
Sistema de refrigeración	Ventiladores / Aletas y Disipadores	Ruido anormal del ventilador	X	
		Conectores sueltos		X
		Libre de acumulaciones	X	
Teclado/Display	Operador Digital	LEDs		
		Valores del Monitor desplegados	X	
		Funcionalidad de las teclas	X	X
		Limpieza		X

Si el Inversor es usado bajo las siguientes condiciones es probable que sea necesario inspeccionarlo mas menudo.

- Temperaturas ambientes elevadas, humedad o altitudes mayores a 1.000 m.
- Paros y Arranques frecuentes.
- Fluctuaciones de la fuente de alimentación de CA o de la carga.
- Vibraciones excesivas y/o cargas impulsivas.
- Ambiente inadecuado, incluyendo polvo, polvo de metal, sal, ácido sulfúrico, etc.
- Condiciones de almacenamiento inadecuadas.

144

Mantenimiento Periódico de Partes

Para mantener el Inversor operando normalmente por un largo periodo de tiempo, y para prevenir pérdidas de tiempo debido a una falla inesperada, es necesario realizar inspecciones periódicas y remplazar partes de acuerdo a su vida útil.

Los datos indicados en la siguiente tabla son para ser usados únicamente como guía. Las inspecciones periódicas estandar varían de acuerdo a las condiciones ambientales en el cual esta instalado el inversor y el uso del mismo. Los períodos de mantenimiento sugeridos se mencionan a continuación.

Tabla 7.4 Guía de partes a remplazar		
Parte	Período estándar de Reemplazo	Método de Reemplazo
Ventiladores	2 a 3 años (20.000 horas)	Remplazar por uno nuevo.
Capacitores del bus de DC	5 años	Remplazar por nuevos. Determinar la necesidad por inspección
Contactor de carga suave	-	Determinar la necesidad por inspección.
Fusible del bus de DC Fusible de la alimentación del control.	10 años	Remplazar por nuevos.
Capacitores de placas	5 años	Remplazar por una placa nueva. Determinar la necesidad con la inspección
Nota: El período estándar de reemplazo están basados en las siguientes condiciones de uso: Temperatura ambiente: promedio anual de 86° F/ 30° C. Factor de carga: Máximo 80%. Tiempo de operación: Máximo 12 horas diarias.		

Reemplazo del Ventilador del Disipador

♦ **Modelo CIMR-F7U20P4 al 2018 y 40P4 al 4018**

Un ventilador se encuentra en la parte inferior del inversor.

Si el inversor está instalado usando los orificios de montaje de la parte posterior, el ventilador puede ser reemplazado sin tener que remover el inversor del panel de instalación.

Si el inversor está montado con el disipador de calor externo hacia el gabinete, el ventilador puede solo ser reemplazado removiendo el inversor del gabinete.

▪ **Remover el ventilador del disipador**

1. Siempre apague la alimentación de entrada antes de quitar o instalar el ventilador del disipador.
2. Presione sobre los lados derecho e izquierdo de la cubierta del ventilador en las direcciones de las flechas "1" y luego tire hacia afuera al ventilador en la dirección de la flecha "2".
3. Tire hacia afuera del cable que esta conectado al ventilador desde la cubierta del ventilador y desconecte el conector de alimentación. Vea figura 7.1
4. Abra la cubierta del ventilador en los lados derecho e izquierdo en dirección a las flechas "3" y remueva la cubierta del ventilador.

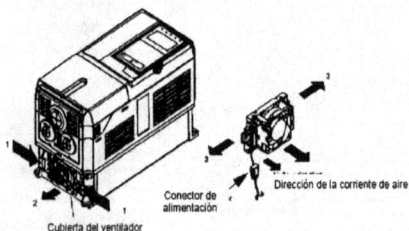

Figura 7.1 Procedimiento de reemplazo del ventilador de refrigeración

▪ **Instalación del ventilador del disipador**

1. Coloque la cubierta del ventilador. Asegúrese que la dirección de la corriente de aire indicada por las flechas apunte hacia adentro del inversor.
2. Conectar el conector de alimentación con seguridad y coloque el conector de alimentación y el cable en la cubierta del ventilador.
3. Monte la cubierta del ventilador en el Inversor. Asegúrese que las trabas en los costados de la cubierta del ventilador queden aseguradas en el inversor.

Tabla A.1 Lista de Parámetros del F7 (Continuación)

No. Parámetro	Nombre Parámetro Visualización en el Operador Digital	Descripción	Rango	Configuración de fábrica	Método de Control V/F	V/F con PG	VLA	V/F
		Sostenimiento de la Referencia						
b6-01	Sostenimiento Referencia al Arranque RefDetec/Arranq	Temporalmente sostiene la frecuencia de referencia	0.0 a 400.0	0.0 Hz	A	A	A	A
b6-02	Sostenimiento Tiempo al Arranque Tdetec/Arranque		0 a 10.0	0.0 seg	A	A	A	A
b6-03	Sostenimiento Referencia al Paro RefDetec al paro		0 a 400.0	0.0 Hz	A	A	A	A
b6-04	Sostenimiento Tiempo al Paro TiemDetecParo		0.0 a 10.0	0.0 seg	A	A	A	A
		Control de la Caída de Velocidad						
b7-01 ♦	Nivel del control de la caída de velocidad CantidadDroop	Configura la disminución de velocidad esto en porcentaje de la frecuencia máxima de salida (E1-04) cuando el motor se encuentra al 100% del par de la carga. La configuración a 0.0 deshabilita el control de la caída de velocidad	0.0 a 100.0	0.0%	·	·	·	A
b7-02 ♦	Tiempo de Retardo del control de la caída de velocidad TiempoRivarDroop	Determina el tiempo de retardo del control de la caída de velocidad en respuesta de un cambio de la carga.	0.03 a 2.00	0.05 seg	·	·	·	A
		Ahorro de Energía						
b8-01	Selección del Control de Ahorro de Energía SelecAhorroEnerg	Selección de la función de ahorro de energía habilitada/deshabilitada. 0: Deshabilitada. 1: Habilitada.	0 a 1	0	A	A	A	A
b8-02	Ganancia de Ahorro de Energía GananAhorroEnerg	Configuración de la ganancia del control de ahorro de energía cuando esta en el modo de control vectorial.	0.0 a 10.0	1.0	·	·	A	A
b8-03	Tiempo de la Constante del Filtro del Control de Ahorro de Energía F.T AhorroEnerg	Configura el tiempo de la constante del filtro del control de ahorro de energía cuando esta en el modo de control vectorial.	0.00 a 10.00	Varia por kVA	·	·	A	A
b8-04	Valor del Coeficiente de Ahorro de Energía CoefAhorroEnerg		0.0 a 655.00	Varia por kVA	A	A	·	·
b8-05	Tiempo del Filtro de Detección de Potencia Tiempo Filtro kW	Use el ajuste fino para la función de ahorro de energía cuando esta en el modo de control V/F.	0 a 2000	20 ms	A	A	·	·
b8-06	Búsqueda del límite de Voltaje de Operación LímV de búsqueda		0 a 100	0%	A	A	·	·
		Cero Servo						
b9-01	Ganancia de Cero Servo GanancServoCero	Configura de la ganancia de posición del lazo para el comando cero servo. Esta función es efectiva cuando se activa la entrada de multifunción "comando cero servo"	0 a 100	5	·	·	·	A
b9-02	Ancho de la Terminación del Cero Servo Cont Servo Cero	Configura el número de pulsos usados por la salida de multifunción "Completar Cero Servo"	0 a 16383	10 pulsos	·	·	·	A

♦ Significa que el parámetro puede ser cambiado mientras el inversor opera

Tabla A.1 Lista de Parámetros del F7 (Continuación)									
No. Parámetro	Nombre Parámetro Visualización en el Operador Digital	Descripción	Rango	Configuración de fábrica	Método de Control			
					V/F	V/F con PG	VLA	VF
		Acel/Desacel						
C1-01 ♦	Tiempo de Aceleración 1 Tiempo Acelerac 1	Configuración del tiempo de aceleración de cero la máxima frecuencia.	0.0 a 6000.0	10.0 seg	R	R	R	R
C1-02 ♦	Tiempo de Desaceleración 1 Tiempo Desacel 1	Configuración del tiempo de desaceleración de la máxima frecuencia a cero.			R	R	R	R
C1-03	Tiempo de Aceleración 2 Tiempo Acelerac 2	Configuración del tiempo de aceleración de cero la máxima frecuencia cuando sea seleccione una entrada de multifunción.			A	A	A	A
C1-04 ♦	Tiempo de Desaceleración 2 Tiempo Desacel 2	Configuración del tiempo de desaceleración de la máxima frecuencia a cero cuando sea seleccionado desde una entrada de multifunción.			A	A	A	A
C1-05	Tiempo de Aceleración 3 Tiempo Acelerac 3	Configuración del tiempo de aceleración de cero la máxima frecuencia cuando sea seleccionado desde una entrada de multifunción.			A	A	A	A
C1-06	Tiempo de Desaceleración 3 Tiempo Desacel 3	Configuración del tiempo de desaceleración de cero la máxima frecuencia a cero cuando sea seleccionado desde una entrada de multifunción.			A	A	A	A
C1-07	Tiempo de Aceleración 4 Tiempo Acelerac 4	Configuración del tiempo de aceleración de cero la máxima frecuencia cuando sea seleccionado desde una entrada de multifunción.			A	A	A	A
C1-08	Tiempo de Desaceleración 4 Tiempo Desacel 4	Configuración del tiempo de desaceleración de máxima frecuencia a cero cuando sea seleccionado desde una entrada de multifunción.			A	A	A	A
C1-09	Tiempo de Paro Rápido Tiempo ParoRapido	Configuración del tiempo de desaceleración de la máxima frecuencia a cero cuando sea seleccionado desde una entrada de multifunción "Parada Rápida"	0.0 a 6000.0	10.0 seg	A	A	A	A
C1-10	Configuración de la Unidad de Tiempo Acel/Desacel UnidAcel/Desacel	Configuración de la selección de la resolución de C1-01 a C1-09. 0: 0.01 seg. (0.00 a 600.00 seg.) 1: 0.1 seg. (0.0 a 6000.0 seg.)	0 a 1	1	A	A	A	A
C1-11	Conmutador de Frecuencia de Acel/Desacel FConmtAcel/Decal	Configuración de la frecuencia para el cambio automático de el tiempo de acel/desacel. Frecuencia de salida <C1-11 Tiempo 4 de Acel/Desacel Frecuencia de salida =>C1-11 Tiempo 4 de Acel/Desacel Entradas de multi-función "MultiAcel/Desacel 1" y "MultiAcel/Desacel 2" tiene prioridad sobre C1-11.	Varía por el Rango de Trabajo*	0.0 Hz	A	A	A	A
		Curva S de Acel/Desacel						
C2-01	Características de la Curva S al iniciar la aceleración SCrv Acc @ Start	La curva S es utilizada para favorecer el arranque y paro curve. Entre mas largo el tiempo de la curva S, mas suave es la rampa de arranque y paro.	0.0 a 25.0	0.20 seg	A	A	A	A
C2-02	Características de la Curva S al finalizar la aceleración SCrv Acc @ End	Comando Arranque		0.20 seg	A	A	A	A
C2-03	Características de la Curva S al iniciar la desaceleración SCrv Dec @ Start	ON		0.20 seg	A	A	A	A
C2-04	Características de la Curva S al finalizar la desaceleración SCrv Dec @ End			0.20 seg	A	A	A	A

♦ Significa que el parámetro puede ser cambiado mientras el inversor opera.
* Para Rango de Trabajo Pesado (TP): Valores de Rango= 0.0 a 300.0   Para Rango de Trabajo Ligero (TL): Valores de Rango= 0.0 a 400.0

Tabla A.1 Lista de Parámetros del F7 (Continuación)								
No. Parámetro	Nombre Parámetro Visualización en el Operador Digital	Descripción	Rango	Configuración de fábrica	Método de Control			
					V/F	V/F con QP	VLA	VF
Compensación del Deslizamiento del Motor								
C3-01 •	Ganancia de a Compensación del Deslizamiento Ganan/CompDesliz	Este parámetro es usado para incrementar la velocidad del motor a causa del deslizamiento del motor aumentando la frecuencia de salida. Si la velocidad es menor a la frecuencia de referencia, incrementa C3-01. Si la velocidad es mayor a la frecuencia de referencia, disminuye C3-01	0.0 a 2.5	1.0	A	-	A	A
C3-02	Tiempo de Retardo de Compensación del Deslizamiento Primario TiempoCompDesliz	Este parámetro ajusta el filtro de salida de la función de compensación de deslizamiento del motor. Incrementa para aumentar estabilidad y disminuye para mejorar la respuesta.	0 a 10000	200 ms	A	-	A	-
C3-03	Límite de Compensación del Deslizamiento Limit/CompDesliz	Este parámetro ajusta el límite superior para la función de compensación del deslizamiento. El ajuste es un porcentaje del rango de deslizamiento del motor (E2-02).	0 a 250	200%	A	-	A	-
C3-04	Selección de la Compensación del Deslizamiento Durante una Regeneración Rgn/ CompDesliz	Determina cuando la compensación del deslizamiento del motor esta habilitada o deshabilitada durante la operación regeneración. 0: deshabilitada 1: Habilitada	0 a 1	0	A	-	A	-
C3-05	Selección de la Operación de Límite de Voltaje a la Salida SelCmpDesliz V/F	Determina si el flujo magnético de motor se decrementa automáticamente cuando ocurre una saturación de voltaje a la salida. 0: Deshabilitado. 1: Habilitado.	0 a 1	0	-	-	A	A
Compensación de Par								
C4-01 •	Ganancia de Compensación de Par Ganan/CompPar	Este parámetro configura la ganancia de la función de par ayuda a igualar el voltaje de salida del inversor a la carga del motor. Este parámetro ajusta la ganancia de la función de par automatico del inversor para igualar la salida de voltaje del inversor con la carga del motor. Determina la cantidad aumento de par o voltaje basado en la corriente del motor, resistencia del motor, y la frecuencia de salida.	0.00 a 2.50	1.00	A	A	A	-
C4-02	Tiempo de retardo de Compensación de Par TiempoCompPar	Este parámetro ajusta el filtro de salida de la función de compensación de deslizamiento del motor. Incrementa para aumentar estabilidad y mejorar la respuesta. Incrementa para aumentar estabilidad y disminuye para mejorar la respuesta.	0 a 10000	20 ms	A	A	A	-
C4-03	Compensación de Par al Arranque Adelante FCompParaArranq	Configuración de la compensación de par al arrancar adelante en porcentaje del par del motor	0.0 a 200.0	0.0%	-	-	A	-
C4-04	Compensación de Par al Arranque Atrás RCompParaArranq	Configuración de la compensación de par al arrancar atrás en porcentaje del par del motor	-200.0 a 0.0	0.0%	-	-	A	-
C4-05	Constante de Tiempo de Compensación de Par TienDen CompPar	Configuración la constante de tiempo para la compensación de par al arranque adelante y atrás (C4-03 y C4-04). El filtro es deshabilitado si el tiempo es 4ms o menor.	0 a 200	10 ms	-	-	A	-
• Significa que el parámetro puede ser cambiado mientras el inversor opera								

Tabla A.1 Lista de Parámetros del P7 (Continuación)

No. Parámetro	Nombre Parámetro Visualización en el Operador Digital	Descripción	Rango	Configuración de fábrica	Método de Control			
					V/F	V/F con OP	VLA	V/F
		Debilitamiento de Campo						
d6-01	Nivel de Debilitamiento de Campo Magnético Id Nivel Debilit	Configurar el voltaje de salida del inversor cuando la entrada de multifunción "Comando de debilitamiento de campo" en [H1-XX = 63" Configuración en porcentaje tomando el valor de voltaje del patrón V/F como 100%.	0 a 100	80%	A	A	-	-
d6-02	Frecuencia de Debilitamiento del Campo Magnético Id FrecNivDebil	Configuración del límite inferior (en Hz) del rango de frecuencia donde el control de debilitamiento de campo es válido. El debilitamiento de campo es válido cuando las frecuencias son mayores a este valor y solo cuando la frecuencia de salida esta de acuerdo con la corriente de la frecuencia de salida (de acuerdo a la velocidad).	Varía por el Rango de Trabajo*	0.0 Hz	A	A	-	-
d6-03	Selección de la Función de Forzar el Debilitamiento de Campo SelecInmersCampo	Selección de la función de forzar el campo magnético. 0: Deshabilitado 1: Habilitado	0 a 1	0	-	-	-	A
d6-06	Límite de Forzar el Debilitamiento de Campo MagnetForceLimit	Configuración del límite superior de el comando de corriente de excitación durante forzamiento del campo magnético. El configuración del 100% es igual a la corriente del motor en carga, E2-03.	100 a 400	400%	-	-	A	A
		Patrón V/F						
E1-01	Configuración del Voltaje de Entrada Tensión de Entrada	Configuración del voltaje nominal de la línea de alimentación, configuración del voltaje máximo utilizado por los patrones de V/F (E1-3=0 a E), ajustando los niveles de protección del inversor (es decir, sobrevoltaje, encendido de la resistencia de frenado, prevención de bloqueo, etc.)	155.0 a 255.0 (240V) 310.0 a 160.0 (480V)	230.0V o 480.0 V	R	R	R	R
E1-03	Selección del Patrón V/F Selec/V/F	Configuración del tipo de motor que está siendo utilizado y el tipo de aplicación. El inversor opera utilizando un patrón V/F establecido para determinar el nivel de voltaje de salida apropiado para cada uno de los comandos de velocidad. Existen 15 diferentes patrones V/F preestablecidos para seleccionar desde (E1-03= 0 a E) con una variedad de perfiles de voltaje, niveles básicos(nivel básico = frecuencia en la cual el voltaje máximo es alcanzado), y frecuencias máximas. También existen configuraciones para personalizar los patrones V/F que usarán las configuraciones de los parámetros E1-04 a E1-13. E1-03= F selecciona patrón V/F personalizado con límite para voltaje superior y E1-03=FF selecciona patrón V/F personalización sin un límite para voltaje superior. ⚠ **Advertencia** **El voltaje de entrada del inversor (No el voltaje del Inversor) debe ser E1-01 para que las características de protección funcione correctamente. Las fallas pueden resultar en daño al equipo y/o lesiones personales.** 0 : 50Hz 1 : 60 Hz 2 : 60 Hz (Saturación a 50Hz) 3 : 72 Hz (Saturación a 60Hz) 4 : 50 Hz VT1 5 : 50 Hz VT2 6 : 60 Hz VT1 7 : 60 Hz VT2 8 : 50 Hz HST1 9 : 50Hz HST2 A : 60 Hz HST1 B : 60 Hz HST2 C : 90 Hz (Saturación a 60 Hz) D : 120 Hz (Saturación a 60 Hz) E : 180 Hz (Saturación a 60 Hz) F : V/F del usuario FF: Personalización sin límite	0 a FF	F	R	R	-	-

* Significa que el parámetro puede ser cambiado mientras el inversor opera
* Para Rango de Trabajo Pesado (TP) Valores de Rango= 0.0 a 300.0   Para Rango de Trabajo Ligero (TL): Valores de Rango= 0.0 a 400.0

Nota: Las recomendaciones técnicas y de seguridad de manipulación del fabricante se han expuesto en forma original.

Control PID

PID, es una familia de controladores de estructura fija, que también son usadas en el proceso comunicacional de un variador. Controlan muchas aplicaciones de de suma importancia en la industria.

PID, significa "Proporcional Integral Derivativo", y los más entendidos sobre el control de procesos, saben que es una técnica muy empleada en los procesos industriales a lazo cerrado.

Antiguamente allá por el año 1922, las primeras estructuras PID, que el trabajo de Minorsky, sobre conducción de barcos, con el control PID, cobró verdadera importancia teórica de este proceso.

Hay 3 tipos diferentes de control que se encuentran en el mundo real en las empresas del medio:

- Módulo de control PID y Autosintonía PID mediante Visual Basic

- Módulo de control PID mediante LabView

- Módulo de control: Instrumento Unilazo Programable (SLPI por sus siglas en inglés, Single Loop Programmable Instrument)

Filtros de línea para un variador de velocidad.

A pesar que los variadores de última generación detectan y suprimen en gran parte los armónicos de línea, no todos vienen con esa configuración ó servicio. Es entonces que se dispone para el filtrado y reducción de armónicos, filtros especiales que acompañan en la adquisición de cada modelo de variador

Filtros de RFI (Interferencia por radiofrecuencia) para variadores

Generalmente en los sistemas de control de motores mediante variador, los niveles de emisión de ruido dependen considerablemente de la longitud del cable entre el variador y el motor. Los cables más largos causarán emisiones considerablemente más altas. Se han diseñado y probado las combinaciones variador / filtro, para lograr complacencia con las siguientes normas.

EN 55022:1994, Clase B para uso doméstico o ambientes industriales leves.

EN 61800-3:1996 para inverters de corriente de entrada inferior a 25A y cables con largo hasta 25m.

Los Variadores de Velocidad para motores de CA y los Servo-accionamientos (también llamados "Servo-drives"), se han establecido actualmente como los medios más convenientes, flexibles y difundidos para controlar motores y así cualquier equipamiento mecánico moderno. Sin embargo estos sistemas son fuentes significativas de interferencia por radiofrecuencia.

Distintas legislaciones según países/comunidades en referencia a EMC imponen límites en emisiones de radiofrecuencia, pero además de cumplir con estas legislaciones, es importante que cuando se presenta un problema de ruido poder contar con un filtro efectivo. Estos filtros se han desarrollado específicamente para cada variador y han sido probados en campo con excelente resultado.

Todos los filtros se construyen con componentes de última tecnología y máxima capacidad, bobinas y capacitores aprobados por VDE, SEMKO, NEMKO y UL, y todos son encapsulados en carcasas de acero con resina aprobada segun UL 94-V0.

Estos ayudan a mejorar el rendimiento de los filtros, minimizan armónicos, controlan mejor las emisiones, sobre todo las irradiadas cuando se utilizan cables muy largos, principal problema de emisiones irradiadas de un variador

Vemos en la fig nº 47, la intercalación de los filtros, entre la línea de fuerza motriz y la salida del variador al motor.

Conexión de los Dispositivos Periféricos

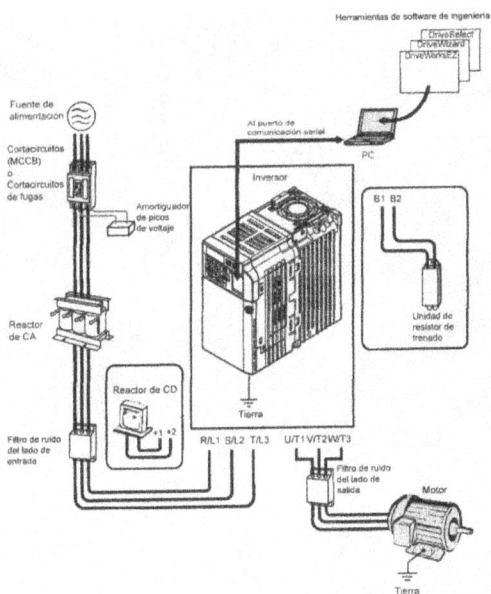

Conexión de dispositivos periféricos

Fig 47, disposición de los dispositivos periféricos.

CARLOS F. TEDESCO

Tercera Parte

Arrancadores suaves (soft starting)

Son los arrancadores más avanzados para realizar en una instalación económica, que un motor asincrónico logre un arranque suave, que genera la inyección de corriente continua al motor en el instante de partida del ascensor.

Ofrecen un control superior de la corriente y el par, e incorporan elementos avanzados de protección de motor. Algunos tipos son: Controladores de Par, Controladores de par de 1, 2 ó 3 fases, Controladores de tensión de lazo abierto o de lazo cerrado y Controladores de corriente de lazo cerrado.

Las principales ventajas que ofrecen los arrancadores suaves son: Control simple y flexible sobre la corriente y el par de arranque. Control uniforme de la corriente y la tensión libre de saltos o transiciones. Recordemos que el arranque suave solo actúa en el arranque, ya que luego el control del motor a partir de la rampa de salida del arranque suave, es controlado normalmente por la tensión normal de línea de c.a.

Es importante señalar que para la inyección de corriente continua en la parada del ascensor, debe programarse con antelación, por el fabricante del controlador electrónico que será colocado en el ascensor y que no todos los arrancadores suaves disponen de 2 pulsos para motor de alta en arranque y parada en baja (motor 2 velocidadses), ya que también debe modificarse las funciones del programa en el controlador.

Estos equipos son muy usados en ascensores hidráulicos ya que permiten una suave partida, sobre todo cuando son motores de más de 12 HP.

Recordemos que para un motor de por ejemplo 16 HP, colocado en una central hidráulica se usa la conmutación de arranque estrella – triàngulo.

Apto para realizar arranques frecuentes.

Apto para un cambio sencillo de las condiciones de arranque. Control de parada suave que amplia el tiempo de deceleración del motor.

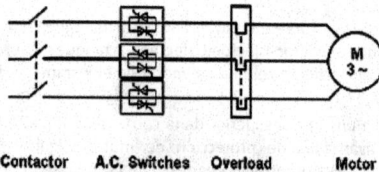

Contactor   A.C. Switches   Overload   Motor

Vemos en la Fig 48, el diagrama en bloques de un arrancador suave, en la etapa de entrada de ac a los tiristores y su posterior salida para la inyección de corriente continua en el arranque del motor.

El arrancador suave electrónico es una forma más de poner en marcha, mediante reducción de tensión aplicada, un motor de corriente alterna asincrónico trifásico. O sea, es similar a una resistencia o reactancia en serie (por fase). La corriente en el arrancador es igual a la corriente de salida (motor). Esta situación lo ubica en desventajas respecto a los arrancadores mediante transformador, en cuanto a demanda de corriente a la red. Pues el transformador reportará una corriente inferior en el bobinado primario y la corriente del motor en el bobinado secundario.

El arrancador suave emplea elementos de estado sólido para realizar el control de la tensión de salida.

Normalmente son conectados alimentándose de la red, y el motor conectado en su salida (conexión a 3 hilos). Algunas versiones de arrancadores permiten también ser conectados "dentro del triángulo" (conexión a 6 hilos), de esta manera se consigue aumentar la potencia posible de motor para una misma capacidad de corriente del arrancador.

El control de tensión se realiza por medio de semiconductores, sobre una, dos o las tres fases, según alguna de las siguientes configuraciones:

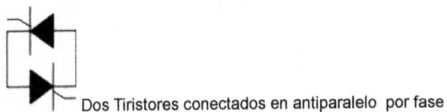

Un Triac por fase

Un Tiristor y un Diodo conectados en antiparalelo por fase.

Dos Tiristores conectados en antiparalelo por fase

Vemos en la Fig nº 49 arrancadores suaves de última generación. Gentileza Elinsur S.A

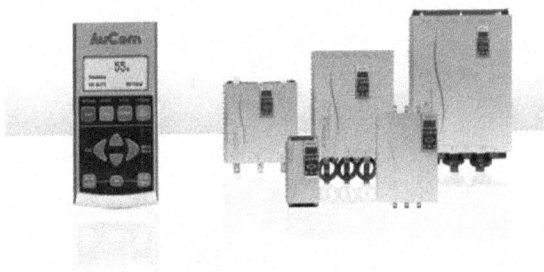

157

CARLOS F. TEDESCO

CUARTA PARTE

Encoders incrementales y absolutos.

Los encoders son colocados normalmente en instalaciones de ascensores de velocidades superiores de 75 metros por minuto.

Un encoder es un sensor electro-opto-mecánico que unido a un eje, (motor)proporciona información de la posición angular. Su fin, es actuar como un dispositivo de realimentación en sistemas de control-integrado.

Para un caso de conectividad con variador, el encoder compara los pulsos programados en el variador con respecto al motor y corrige de ser necesario las desviaciones , ocasionadas por movimientos lineales, circulares, velocidades rotacionales, aceleraciones y cargas Este tipo de encoder se caracteriza porque determina su posición, contando el numero de impulsos que se generan cuando un rayo de luz, es atravesado por marcas opacas en la superficie de un disco unido al eje.

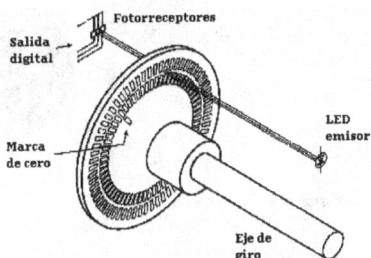

Fig nº 50

En el estator hay como mínimo dos pares de fotorreceptor ópticos, escalados un número entero de pasos más ¼ de paso. Al girar el rotor genera una señal cuadrada, el escalado hace que las señales tengan un desfase de ¼ de periodo si el rotor gira en un sentido y de ¾ si gira en el sentido contrario, lo que se utiliza para discriminar el sentido de giro.

Un simple sistema lógico permite determinar desplazamientos a partir de un origen, a base de contar impulsos de un canal y determinar el sentido de giro a partir del desfase entre los dos canales. Algunos encoders pueden disponer de un canal adicional que genere un pulso por vuelta y la lógica puede dar número de vueltas más fracción de vuelta.

La resolución del encoder depende del número de impulsos por revolución.

Diferencias entre el encoder incremental y el absoluto.

En el encoder absoluto, el disco contiene varias bandas dispuestas en forma de coronas circulares concéntricas, dispuestas de tal forma que en sentido radial el rotor queda dividido en sectores, con marcas opacas y transparentes codificadas en código Gray.

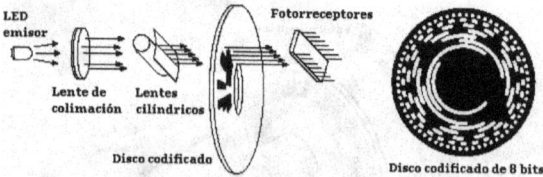

Fig nº 51, el sistema óptico de un encoder.

El estator tiene un fotorreceptor por cada bit representado en el disco. El valor binario obtenido de los fotorreceptores es único para cada posición del rotor y representa su posición absoluta.

Se utiliza el código Gray en lugar de un binario clásico porque en cada cambio de sector sólo cambia el estado de una de las bandas, evitando errores por falta de alineación de los captadores. (El código binario reflejado o código Gray), nombrado así en honor del investigador Frank Gray, es un sistema de numeración binario en el que dos valores sucesivos difieren solamente en uno de sus dígitos). Para un encoder con n bandas en el disco, el rotor permite 2^n combinaciones, por lo cual la resolución será 360° dividido entre los 2^n sectores; Por ejemplo para encoders de 12 y 16 bits se obtiene una resolución angular de 0.0879° y 0.00549° respectivamente.

Resolución angular = $360°/2^n$

Generalmente, los encoders incrementales proporcionan mayor resolución a un costo más bajo que los encoders absolutos.

Además, su electrónica es más simple ya que tienen menos líneas de salida.

Típicamente un encoder incremental solo tiene cuatro líneas: 2 de cuadratura, una de poder y una tierra. Un encoder absoluto tiene una línea de salida por cada bit, una línea de poder y la tierra.

Fig nº 52, encoders incrementales de gran precisión. (gentileza Elinsur)

Cada encoder incremental tiene en su interior un disco, marcado con una serie de líneas uniformes a través de una única pista alrededor de su perímetro, las líneas impermeables a la luz de anchura igual a los huecos transparentes, trabajando con una unidad emisora de luz y una unidad de captación de la misma, al girar el disco, generan unas señales que debidamente tratadas generan las señales de salida de un encoder incremental.

Las señales de salida de un encoder pueden ser un tren de impulsos, en forma de <u>señal cuadrada</u>, donde el número de impulsos que se generaran en una vuelta coincidirá con el número de impulsos del disco en el interior del encoder, nos referimos a encoders de un solo canal. (señal A)

Una segunda señal se suministra (señal B), es un tren de impulsos idéntico al que suministra la señal A pero desfasado 90º respecto de esta, nos referimos a encoder de dos canales. (señal A+B) .

(Señal cuadrada): Se conoce por onda cuadrada a la onda de corriente alterna (CA) que alterna su valor entre dos valores extremos sin pasar por los valores intermedios (al contrario de lo que sucede con la onda senoidal. Un circuito electrónico que genera ondas cuadradas se conoce como generador de pulsos, este tipo de circuitos es la base de la electrónica digital.

Hay encoders que trabajan con un haz COLIMADO, que es enviado a dos retículos radiales, uno estático y otro en movimiento (el disco).

La luz que puede pasar entre los dos retículos cae en un grupo de fototransistores colocados detrás del retículo estático.

Utilizando varias rendijas en vez de una, en ambos retículos, la señal resultante es más fuerte y se corresponde con varias líneas del disco en rotación.

De ésta manera, la salida eléctrica no es tan sensible a imperfecciones menores del disco o impurezas en el sistema óptico.

Es así que se obtiene un nivel de "jitter" muy bajo.

Este sistema compara la salida de señal de dos fototransistores, uno de ellos situado en la parte iluminada y el otro en la oscura.

(Jitter): Distorsión de una señal producida por la variación inesperada de una de sus características (por ejemplo la fase).

(Colimado): Se denomina luz colimada a la luz cuyos rayos son paralelos entre sí, lo que se puede lograr de diferentes formas, siendo la más sencilla hacerla incidir en un espejo cóncavo desde una fuente situada en el foco.

Hay otros modelos de encoder utilizan como difusión de las fuentes de luz, **"Arseniuro de Galio"** que garantizan una vida operativa de 100.000 horas, además de poseer un circuito interno que compensa el envejecimiento de los leds.

Esto se realiza por una fuente que a través del tiempo de uso, compensa con más voltaje a los leds a través de un pequeño programa en tiempo real, hasta que estos se extinguen totalmente.

Fuente de texto parcial: Elcis.

(Arseniuro de Galio): El arseniuro de galio (GaAs) es uno de los materiales más importantes para los semiconductores opto-electrónicos, es un compuesto de galio y arsénico.

Se usa para fabricar dispositivos como circuitos integrados a frecuencias de microondas, diodos de emisión infrarroja, diodos láser y células fotovoltaicas.

Un cristal de GaAs consta de una red de átomos de galio y arsénico, en la que los átomos de galio portan una pequeña carga positiva y los átomos de arsénico una pequeña carga eléctrica negativa.

Encoders Magnéticos

Al igual que los sistemas ópticos tradicionales, los sensores magnéticos están disponibles en versiones incrementales con onda sinusoidal, onda cuadrada y en encoders absolutos.

Las principales ventajas de los encoders magnéticos son las siguientes:

•Los encoders tradicionales requieren rodamientos mientras los encoders magnéticos no utilizan estos sistemas mecánicos lo que hace que su vida útil sea prácticamente ilimitada y casi elimina las operaciones de mantenimiento.

•Casi es inmune a los campos electromagnéticos.

•El sistema dispone de varios sistemas de fijación, siendo el montaje muy sencillo en cualquier motor o generador.

• Posibilidad de desmontar únicamente la parte electrónica del encóder. Esto reduce drásticamente el tiempo necesario en operaciones de mantenimiento ya que la cabeza sensora es el único componente susceptible de deterioro.

•Posibilidad de ser montado sobre el eje primario en máquinas con diámetros muy grandes (hasta más de 700mm).

Esto, además de reducir la longitud total de la máquina ya que elimina el eje trasero, garantiza una mejor calidad de lectura.

•El sistema de cableado dispone de conector interno lo que simplifica significativamente las operaciones en campo y minimiza posibles errores de montaje.

•El sistema magnético puede soportar la tolerancia axial del eje transmisor causada por ejemplo por la expansión térmica.

Además de la información del ángulo, suministra también un código de 6 bits que indica la intensidad del campo magnético, con lo que podemos medir también la posición vertical y realizar una función de pulsador. El modo "power down" (bajo poder) con tiempos cortos de transición entre este modo y los ciclos de medida, permite obtener un consumo medio muy bajo.

Las aplicaciones típicas de este dispositivo son el control de posición de motores pudiendo llegar hasta 25000rpm.

Precauciones para la instalación de encoders y tacogeneradores:

Al ser piezas electrónicas muy delicadas, su instalación de acople al motor, debe ser casi exacta.

La alineación del eje del encoder con respecto al eje de salida de la máquina de tracción cuando estas no disponen de accesorios originales de acople, se adaptarán de forma tal que en el funcionamiento posterior no existan vibraciones en el pequeño encoder, ya que tanto los rodamientos como la electrónica tendrán poca vida útil.

En cierta medida el enganche elástico que vincula al eje del encoder con el eje de la salida de la cola de la máquina, compensa ciertas imperfecciones de alineación, pero también se corre el riesgo de que ese mismo enganche elástico al absorber imperfecciones de alineación, serán traducidas en vibraciones importantes y errores de lectura de posicionamiento por lo que terminará además de desajustar alguna parte de acople de tornillos entre ambos ejes.

Existen también encoders del tipo rotativo que son montados en el eje del motor.

Alineación

Alinee el árbol del servomotor con el árbol del equipo y, a continuación, acople los árboles. Instale el servomotor de modo que la precisión de la alineación se encuentre dentro del rango siguiente.

Mida la distancia en cuatro posiciones distintas de la circunferencia. La diferencia entre las mediciones máxima y mínima debe ser igual o inferior a 0,03 mm (Gire los árboles con el acoplamiento).

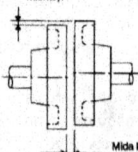

Mida la distancia en cuatro posiciones distintas de la circunferencia. La diferencia entre las mediciones máxima y mínima debe ser igual o inferior a 0,03 mm (Gire los árboles con el acoplamiento).

- Si los árboles no están alineados correctamente, se produce una vibración que puede dañar los cojinetes.
- No debe permitirse ningún impacto directo a los árboles al instalar el acoplamiento. De lo contrario, pueden producirse daños en el encoder montado en el extremo opuesto del árbol.

Orientación

Los servomotores SGM□H pueden instalarse en horizontal y en vertical.

Fig nº 53 : Formas de verificar la correcta alineación de los árboles de unión.

Tacogeneradores

El tacogenerador se compone de una bobina de alambre de cobre cuyas curvas individuales están posicionadas solidamente a través de un procedimiento especial y fijadas en un campo magnético que está formado entre un imán central perforado y la cubierta del generador. La bobina está sujeta al eje que gira dentro de la perforación del imán. Por cada vuelta del eje, la bobina cruza una vez el campo de los polos norte y

166

sur del imán induciendo así una tensión que se transmite a través de un conmutador y unas escobillas.

Debido al escaso peso de la bobina, el momento de inercia es extremadamente pequeño; por el hecho que el campo magnético es homogéneo, debido a la falta de hierro en el rotor, la tensión es lineal.

La carcasa de aluminio es a prueba de agua y aceite.

El grosor de la pared de la carcasa asciende como mínimo a 8mm.

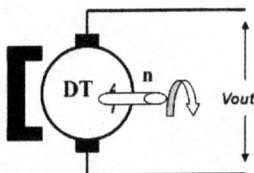

Fig nº 54, descripción de la señal de salida.

El eje del tacómetro ó tacogenerador, se acopla con el eje del motor del cual se va a tomar la medida de velocidad. Al girar el motor, su eje arrastra al del tacómetro, el cual responde en su salida con un voltaje DC directamente proporcional a la velocidad del motor. Se tiene la siguiente ecuación que relaciona la velocidad de entrada n (en RPM) y el voltaje DC de salida del tacómetro:

$$V_{out} = k\phi_F \; n$$

CARLOS F. TEDESCO

QUINTA PARTE

Motores IP. (Imán Permanente), para ascensor.

Las antiguas máquinas de tracción directa , tipo Gearless para ascensor, tenían que ser alimentadas a través de generadores de doble motor, en donde su parte de salida de corriente continua, al alcanzar una determinada velocidad de sincronismo (aprox 1500 rpm), alimentaba al motor de tracción directa del ascensor con 160 vcc.

Claro que el relato parece sencillo, sin embargo cuando las delgas de esos grandes generadores se llenaban de partículas de los carbones principalmente cuando era excitado el campo en derivación y debía entregar voltaje e intensidad al motor de tracción.

Era entonces que si no había un buen mantenimiento ese colector del generador comenzaba a deteriorarse y el funcionamiento del ascensor comenzaba con fallas erráticas, puesto que el motor de tracción, no recibía en cantidad y calidad suficiente el voltaje y corriente necesarios para su normal funcionamiento.

A ello había que agregarle la enorme decisión de la calidad de los carbones a reemplazar en un generador. O eran carbones blandos que no son agresivos contra la superficie del colector, pero que su duración era muy corta, o los carbones del tipo duro que eran más longevos pero que se "comían" a las delgas del colector.

Se sumaba a esto, el alto costo por unidad de los carbones cualquiera sea el tipo y que cuando se ennegrecía el colector por tanto carbón acumulado entre delga y delga, el "desmicado" brillaba por su ausencia y el colector en su alimentación al motor, que es su punto de máxima intensidad, producía enormes arcos y chisporroteos, que asustaban a cualquier visitante en sala de máquinas, no acostumbrados a los fuegos de artificio eléctricos.

La tecnología siguió avanzando y esos generadores de casi 2000 kgs, fueron de a poco reemplazados por los equipos de estado sólido denominados SCR junto al cambio de los controles electromecánicos por otros electrónicos.

Estos equipos reemplazaron a los generadores imitando la entrega de alimentación de Vcc, a los motores de tracción y el funcionamiento así, luego de muchos ajustes para su puesta en marcha comenzó a ser confiable ya sin el uso de los generadores.

Pero claro, a estos equipos hubo que colocarles un tacogenerador, puesto que si antes las aceleraciones , desaceleraciones y micronivelado eran controlados por la parrilla de resistencias del control y señal del selector, como iba a controlar entonces la velocidad de un ascensor de 150 m.p.m.

(SCR) Rectificador Controlado de Silicio ó tiristor.

Hoy día se han creado motores IP, para máquina de tracción de ascensor que funcionan sin carbones, se alimentan de corriente alterna a través de un variador, y sus características técnicas, se describen abajo.

Motores de Imán Permanente. (sin carbones)

Una máquina de tracción directa a imán permanente es en realidad lo que hasta hace unos años se denominaba "máquina de corriente continua a tracción directa".

Como lo señalamos en el artículo anterior, éstas máquinas IP, no difieren mucho en lo mecánico ya que poseen en el eje rotórico y en forma solidaria, la polea de tracción y el plato de freno, todo en el mismo eje.

Lo que se llama motor "BRUSHLESS", ES REALIDAD LA TERMINOLOGÍA EN INGLÉS que significa "sin carbones", a diferencia de los anteriores motores que sí, utilizaban carbones ya que eran motores alimentados por corriente continua.

Las máquinas IP, pueden desarrollar altos torques generando una fuerza magnética superior en cuanto por cargas superiores trate de sacarla de su punto de sincronismo de funcionamiento.

Además son capaces de generar sobretorques e inercias débiles, para permitir rápidas respuestas

En aceleración y desaceleración.

La mayoría de las marcas y modelos de estas máquinas posee un estator parecido al de un motor de jaula con un núcleo laminado y un bobinado trifásico .

El rotor esta constituido por un grupo de imanes permanentes fijados en el rotor propiamente dicho.

La forma de los rotores a imanes varían de acuerdo al modelo y pueden clasificarse en tipo cilíndricos o de polos salientes.

Haciendo circular corriente alterna en las fases del bobinado de estator producimos un campo magnético rotante en el entrehierro del motor. Si en cada instante el campo magnético generado en el estator se interfluye con el ángulo correcto al campo magnético producido

por los imanes del rotor generamos torque para lograr el movimiento del motor y la carga acoplada a el.

Es necesario mencionar que éste tipo de motor funciona únicamente con variadores especiales o duales (duales son los que pueden controlar un motor común o un motor IP, que es el que permite en cada instante, generar un campo magnético estatórico de magnitud y posición correctamente alineada con el campo magnético de rotor. De esta forma obtenemos el torque necesario para mantener la velocidad y posición prefijada del eje del motor.

También es importante señalar que la información de posición debe estar controlado por un encoder, ya que estas máquinas vienen equipadas con salidas especiales directamente de su eje, por lo que la adaptación, generalmente es perfecta.

También es importante señalar que estas máquinas de tracción directa, tiene que ser colocadas en sistema de aparejo 2:1.

Maquina gearless APM450R

Fig nº 55, máquina Gearless, a imán permanente.(Gentileza de la Ilustración QLD Componentes de Ascensores).

En nuestro país, todavía no se fabrican estos tipos de máquinas de alta tecnología, puesto que también el mercado nacional, no ofrece muchas variantes para la instalación de este tipo de máquina de gran calidad de construcción y prestación.

Salvo para edificios corporativos, consorcios privados, grandes centros de salud ó edificios del estado, en donde pueden ser colocadas estas máquinas de tracción directa, el resto se centra en edificios de propiedad horizontal en donde todavía perduran las máquinas de tracción por corona y sinfín de muy buen funcionamiento y que debido a los costos de la máquina e importación, todavía tardará su aplicación en ser instaladas en edificios de mediano poder adquisitivo, salvo que dichas máquinas comiencen a ser fabricadas en el país, concepto este, que no tardará mucho en hacerse realidad.

Nota del Autor:

El autor, agradece las manifestaciones de apoyo por la publicación lograda y también por la autorización de la información brindada para hacer posible que este libro, unos de los quince en el mundo dedicado a los variadores de velocidad, con el fuerte aditamento de los controladores electrónicos, sea posible.

Hoy, Mayo de 2010, año del Bicentenario de nuestra hermosa Nación, hemos dejado atrás y hace mucho tiempo, los espejitos de colores que nos obsequiaban los descubridores y conquistadores, teniendo los argentinos una capacidad intelectual PROPIA que ha logrado en los campos de la ciencia y la cultura, premios Nobel, grandes descubrimientos para la salud aplicados aún en la actualidad, logros deportivos mundiales, etc,etc,etc.

Es entonces que el eje del libro técnico, es difundir precisamente eso, la tecnología, aportando su pensamiento y experiencia no catedrática, pero sí con toda la intención de divulgar con sus aciertos y errores, campos muy pocos conocidos, que son del futuro para aplicar en el presente.

Buses de Campo.

Los buses de campo, son en la automatización industrial, una vía extraordinaria de comunicación ya que con una tarjeta con programas apropiados para un variador de velocidad en el caso de control a distancia, puede controlarse el funcionamiento, reemplazar parámetros y verificar los distintos eventos de fallas entre otros, permitiendo el control total a través de un sistema de transmisión de datos, con redes industriales poderosas.

Estas redes funcionan conectadas a protocolos de internet tco/ip o superior, con conectividad Plug & Play, donde la PC y el variador (tarjeta de por medio), se comunican entre sí.

Es la intención del autor, que el conocimiento técnico, sea expuesto en 2 tesis, una de ellas el bus CAN, de la cual nombramos y agradecemos a los autores.

BUSES DE CAMPO; por Ignacio Andrada

Básicamente un bus de campo ("Field Bus") es un sistema de transmisión de datos que interconecta dispositivos industriales y elementos de control reemplazando al bucle 4-20 mA.

A diferencia de estos sistemas analógicos los buses de campo son normalmente redes digitales bidireccionales que permiten reducir considerablemente los costos de implementación al rebajar la cantidad de cableado a instalar. Otras ventajas importantes del uso de buses de campo son la rapidez para transportar Información, la facilidad para administrar los elementos de la red y la flexibilidad para distribuir el control.

Una clasificación aceptada de los diferentes tipos de buses es la siguiente:

· Buses de Control: *Control Buses (HSE, ControlNet, Profinet...)*

· *Buses de Campo: Field Buses (Foundation Fieldbus, Profibus FMDS..)*

· *Buses de Dispositivos: Device buses (DeviceNet, Profibus DP, Interbus-S)*

· *Buses de Sensores: Sensor Buses (CAN, ASI, Profibus PA...)*

La elección del bus de campo mas adecuado depende de varios factores como son el tamaño de la solución a implementar que depende de la cantidad de dispositivos que se interconectarán, rapidez a la cual se necesita transmitir los datos según sea la criticidad del proceso a controlar, costo de implementación, interoperabilidad con equipamiento y medios de transmisión ya instalados en la empresa.

(Bucle de Corriente 4 – 20 mA): La norma lazo de corriente de 4-20mA tiene su origen en "The American Nacional Estandars (ANSI) y The Instrumentations Sistems and Automation Society (ISA), de la cual estas instituciones cuentan con numerosos documentos referentes a la transmisión de datos.

Un circuito de lazo de corriente 4 -20 mA, consta de por los menos de cuatro elementos: un sensor/transductor, un convertidor de voltaje a corriente también llamado transmisor de señal, una fuente para alimentación para el lazo y un receptor/monitor. (nota del autor).

En la fig, nº 56 , vemos la estructura del bus de campo, en este caso con redes industriales Profibus.

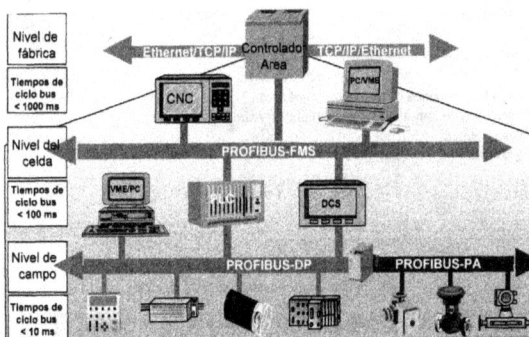

2 - ¿Porqué usar buses de campo?

- – Minimización del cableado.
- – Facilidad de instalación (cable único)
- – Reducción del tiempo de mantenimiento   } Reducción de costes.
- – Bajo precio de los componentes
- – Planos eléctricos más sencillos
- – Añadir o quitar elementos en funcionamiento
- – Facilidad de diagnóstico de los problemas
- – Interfaces abiertas normalizadas

3 - Funcionamiento y características generales

- Bucle de corriente 4 – 20 mA.
- Conectan trasnductores, actuadores, sensores, etc...
- Ejecutan funciones de control y diagnóstico.
- Trasmiten de forma bidireccional (también entre dispositivos).
- Cada nodo de la red puede informar en caso de fallo del dispositivo asociado, y en general sobre cualquier anomalía del dispositivo.

5 - Interacción con el usuario

- El usuario no debe preocuparse por las capas de enlace y de aplicación, solo debe conocer su funcionalidad.

- Debe conocer el software de administración, y capa física. SCADA, HMI, ...

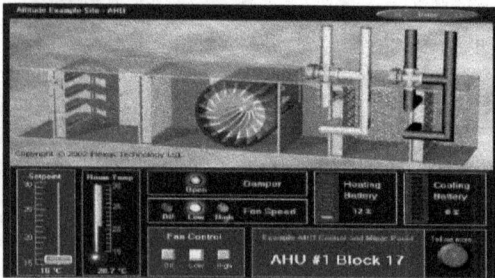

6 - Buses de campo existentes

Compromiso: velocidad / funcionalidad

Buses de alta velocidad / baja funcionalidad.

Están diseñados para integrar dispositivos simples como finales de carrera, fotocélulas, relés y actuadores simples, funcionando en aplicaciones de tiempo real, y agrupados en una pequeña zona de la planta, típicamente una máquina.

• CAN: Diseñado originalmente para su aplicación en vehículos.

• SDS: Bus para la integración de sensores y actuadores, basado en CAN

• ASI: Bus serie diseñado por Siemens para la integración de sensores y actuadores

Buses de campo existentes

Buses de alta velocidad y funcionalidad media

- Se basan en el diseño de una capa de enlace para el envío eficiente de bloques de datos de tamaño medio.
- Son buses capaces de controlar dispositivos de campo complejos.

• DeviceNet: Desarrollado por Allen-Bradley, utiliza como base el bus CAN, e incorpora una capa de aplicación orientada a objetos.
• LONWorks: Red desarrollada por Echelon.
• BitBus: Red desarrollada por INTEL.
• DIN MessBus: Estándar alemán de bus de instrumentación, basado en comunicación RS-232.
• InterBus-S: Bus de campo alemán de uso común en aplicaciones medias.

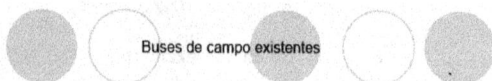

Buses de campo existentes

Buses de altas prestaciones

Son capaces de soportar comunicaciones a nivel de todos los niveles de la producción
Aunque se basan en buses de alta velocidad, algunos presentan problemas debido a la
    sobrecarga necesaria para alcanzar las características funcionales y de seguridad
    que se les exigen.
Características:

* Redes multi-maestro con redundancia.
* Comunicación maestro-esclavo según el esquema pregunta-respuesta.
* Recuperación de datos desde el esclavo con un límite máximo de tiempo
* Capacidad de direccionamiento unicast, multicast y broadcast,
* Petición de servicios a los esclavos basada en eventos.
* Comunicación de variables y bloques de datos orientada a objetos.
* Descarga y ejecución remota de programas

Buses de campo existentes

Buses de altas prestaciones:

* Profibus
* WorldFIP
* Fieldbus Foundation

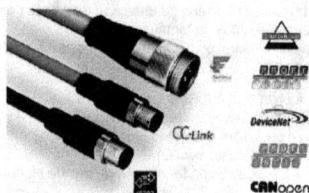

Fig nº 57, accesorios para buses de altas prestaciones.

Buses estandarizados:

Profibus

• Normalizado en Europa.
• Desarrollado y comercializado por ABB, AEG, Siemens, Klóckner-Moeller

Hay tres tipos:
- Profibus DP (Decentralized Periphery).
- Profibus PA (Process Automation)
- Profibus FMS (Fieldbus Message Specification).

• Existen puentes para enlace entre diferentes medios
• Gateways que permiten el enlace entre perfiles y con otros protocolos.
• Plataforma basadas en microprocesadores de 16 bits más procesadores de comunicaciones.
• Las distancias potenciales de bus van de 100 m a 24 Km (con repetidores y fibra óptica).
• Velocidad de comunicación de 9600 bps a 12 Mbps. Utiliza mensajes de hasta 244 bytes de datos

Buses estandarizados:

Modbus

Modbus®

• Inicialmente para trasmas y mensajes en PLCs
• Permite ser implementado sobre cualquier línea de comunicación serie.
• Par tranzado o fibra óptica.
• En la actualidad soportado por el grupo automatización Schneider (Telemechanique ...)

CARLOS F. TEDESCO

ANALISIS PROTOCOLAR DEL BUS DE CAMPO CAN

Dr.-Ing. Héctor Kaschel C. Ing. Ernesto Pinto L.
Fac. de Ingeniería, Depto. de Ingeniería Eléctrica
Universidad de Santiago de Chile

RESUMEN

EL artículo analiza el bus CAN (Controller Area Network), como base para arquitecturas de bus industrial en aplicaciones de tiempo real distribuidas, sistemas de supervisión y control en el ámbito de celdas de producción. CAN es protocolo abierto para uso industrial y concebido como un protocolo de alta seguridad. , cubriendo los niveles 1,2 y 7 de modelo OSI.

La fortaleza del bus CAN es su arquitectura multimaestro ejecutando un mensaje apropiado de passing (polling) y así reemplazar la conexión de elementos entre cada unidad de computo centralizada. Además, existen diferentes estándares de especificaciones para la realización de sistemas con productos de diferentes distribuidores.

1. INTRODUCCIÓN.

CAN es un protocolo de comunicaciones basado en una arquitectura de bus para transferencia de mensajes en ambientes distribuidos. Fue originalmente concebido para aplicaciones en el área automotriz, pero rápidamente despertó una creciente atención en el área de control y automatización

industrial.

Entres sus fortalezas el bus CAN considera una arquitectura Multi-maestra capaz de proveer características de respuesta en tiempo real y tolerancia a fallas en la recepción de mensajes y mal funcionamiento de los nodos. Además, CAN está estructurado de acuerdo con el modelo OSI en una arquitectura colapsada de dos capas (esto es, capa física y capa de enlace de datos). Distintas opciones existen para la capa de aplicación, entre otras: CiA CAN Application Layer, CANOpen, SDS *(Smart Distributed System)*, DeviceNet y CAN Kingdom.

2. CONCEPTOS DEL BUS CAN

2.1 Capa física

La capa física en CAN es responsable de la transferencia de bits entre los distintos nodos que componen la red. Define aspectos como niveles de señal, codificación, sincronización y tiempos en que los bits se transfieren al bus.

En la especificación original de CAN, la capa física no fue definida, permitiendo diferentes opciones para la elección del medio y niveles eléctricos de transmisión. Las características de las señales eléctricas en el bus fueron establecidas más tarde por el estándar ISO 11898.

La especificación CiA (CAN in AUTOMATION, http://www.can-cia. de), complementó las definiciones respecto al medio físico y conectores. Los nodos conectados al bus interpretan dos niveles lógicos denominados:

> Dominante: la tensión diferencial (CAN_H - CAN_L) es del orden de 2.0 V con CAN_H = 3.5V y CAN_L = 1.5V (nominales).

> Recesivo: la tensión diferencial (CAN_H - CAN_L) es del orden de 0V con CAN_H = CAN_L = 2.5V (nominales).

Tabla 1. Velocidad-Distancia en CAN

Velocidad	Tiempo de Bit	Longitud Máxima
1 Mbps	1 mS	30 m
800 Kbps	1,25 mS	50 m
500 Kbps	2 mS	100 m
250 Kbps	4 mS	250 m
125 Kbps	8 mS	500 m
50 Kbps	20 mS	1000 m
20 Kbps	50 mS	2500 m
10 Kbps	100 mS	5000 m

Estos son valores orientativos que varían dependiendo de la tolerancia de los osciladores de los nodos, impedancias y retardos en la línea etc.

La topología es bus con derivaciones de corta longitud. Con pérdida de prestaciones en cuanto a velocidad o longitud máxima se pueden adoptar estructuras en estrella. El bus se cierra en los extremos con impedancias de carga.

El número máximo de nodos no está limitado por la especificación básica y depende de las características de los transceptores, las especificaciones de buses de campo lo limitan a 32 o 64 en una red sin repetidores.

2.2. Capa de Enlace

Unas de las características que distingue a CAN con respecto a otras normas, es su técnica de acceso al medio denominada como CSMA/CD+CR o "Carrier Sense, Multiple Access/Colission Detection + Collision Resolution" (Acceso múltiple con detección de portadora, detección de colisión más resolución de colisión).

El acceso al medio por medio de técnicas de acceso múltiple y detección de colisión evolucionaron desde el método ALOHA inicial hasta su consagración como método de acceso al medio de las redes Ethernet, con técnica CSMA/CD. El método de acceso al medio utilizado en bus CAN añade una característica adicional: la resolución de colisión. En la técnica CSMA/CD utilizada en redes Ethernet ante colisión de varias tramas, todas se pierden, CAN resuelve la colisión con la supervivencia una de las tramas que chocan en el bus. Además la trama superviviente es aquella a la que se ha identificado como de mayor prioridad.

La resolución de colisión se basa en una topología eléctrica que aplica una función lógica determinista a cada bit, que se resuelve con la prioridad del nivel definido como bit de tipo dominante. Definiendo el bit *dominante* como equivalente al valor lógico '0' y bit *recesivo al* nivel lógico '1' se trata de una función AND de todos los bits transmitidos simultáneamente.

Cada transmisor escucha continuamente el valor presente en el bus, y se retira cuando ese valor no coincide con el que dicho transmisor ha forzado. Mientras hay coincidencia la transmisión continua, finalmente el mensaje con identificador de máxima prioridad sobrevive. Los demás nodos reintentarán la transmisión lo antes posible.

Figura 1: Resolución de Colisión en bus CAN

Se ha de tener en cuenta que la especificación CAN de Bosh no establece cómo se ha de traducir cada nivel de bit (dominante o recesivo) a variable física. Cuando se utiliza par trenzado según ISO 11898 el nivel dominante es una tensión diferencial positiva en el bus, el nivel recesivo es ausencia de tensión, o cierto valor negativo, (los transceptores no generan corriente sobre las resistencias de carga del bus).

Esta técnica aporta la combinación de dos factores muy deseados en aplicaciones industriales distribuidas: la posibilidad de fijar con determinismo la latencia en la transmisión de mensajes entre nodos y el funcionamiento en modo multimaestro sin necesidad de gestión del arb itraje, es decir control de acceso al medio, desde las capas de software de protocolo.

La prioridad queda así determinada por el contenido del mensaje, en CAN es un campo determinado, el identificador de mensaje, el que determina la prioridad.

2.3. Implementaciones del CAN

Existen dos implementaciones *hardware* básicas, aunque la comunicación en ambas es idéntica y son compatibles entre sí. Esto permite administrar el uso del bus en función de las necesidades de cada nodo.

· Basic CAN: hay un vínculo muy fuerte entre el controlador CAN y el microcontrolador asociado. El microcontrolador será interrumpido para tratar con cada uno de los mensajes del CAN. Cada nodo transmitirá tan sólo cuando se produzca un evento en alguna de las señales que le conciernen. Este modo de funcionamiento es adecuado para aquellos nodos encargados de manejar informaciones esporádicas, disminuyendo la ocupación del bus.

· Full CAN: contiene dispositivos *hardware* adicionales que proporcionan un servidor que automáticamente recibe y transmite los mensajes CAN, sin necesidad de interrumpir al microcontrolador asociado, reduciéndose la carga del mismo. Está orientado a nodos encargados del manejo de señales con un alto nivel de exigencia en cuanto a frecuencia de actualización y/o seguridad.

2.4. Especificación CAN 2.0A y CAN 2.0B

El ISO/OSI están descritos las Capa 1 y Capa 2 en el normal internacional ISO 11519-2 para las aplicaciones de velocidad bajas y ISO 11898 para las aplicaciones de velocidad altas. La descripción de ISO/OSI sobre especificación de CAN 2.0A y 2.0B están mas orientada a los requisitos de fabricación de controladores CAN.

La diferencia entre CAN 2.0A y CAN 2.0B se localiza básicamente sobre todo en el formato del encabezado del mensaje del identificador. La especificación CAN 2.0A define sistemas CAN con un estándar de 11 bit del identificador (CAN estándar). CAN 2.0B especifica la trama extendida con 29 bit en el identificador (CAN Extendido)

Los mensajes transmitidos desde cualquier nodo en una red CAN no contienen la dirección del nodo emisor ni la del nodo receptor. En vez de esto, los mensajes contienen una etiqueta identificativa, única en toda la red, que realiza esa función.

Estos identificadores determinan la prioridad del mensaje. El mensaje de mayor prioridad gana el acceso al bus, mientras que los mensajes de menor prioridad se retransmitirán automáticamente en los siguientes ciclos de bus. Como consecuencia de esto, varios nodos pueden recibir y actuar simultáneamente sobre el mismo mensaje.

Esta estructura de los mensajes ofrece a la red una gran flexibilidad y posibilidad de expansión, ya que nuevos nodos pueden ser añadidos a la red sin la necesidad de hacer ningún cambio en el *hardware* ni en el *software* existente.

Las tramas de los mensajes son los elementos básicos de transmisión y van de un nodo emisor a uno o varios nodos receptores. Hay dos protocolos de comunicación: el estándar, que soporta mensajes con identificadores de 11 bits, y el expandido, que soporta 29 bits. El mensaje está divid ido en siete campos diferentes, cada uno de ellos con una función

3. MENSAJES Y TIPOS DE TRAMAS

CAN utiliza mensajes de estructura predefinida, tramas, para la gestión de la comunicación.

Se distinguen entre dos variantes de CAN, el definido en CAN

2.A o "CAN Standard" y el definido en CAN 2.B o "CAN Extendido", los formatos de trama son análogos diferenciándose básicamente en el número de bits que se utiliza para el identificador de mensaje: 1 1 bits (2032 identificadores) diferentes en CAN Standard y 29 bits (536.870.912 identificadores) en CAN Extendido.

Las tramas CAN son de longitud reducida, la trama más larga es de 130 bits en CAN Estándar y 154 bits en CAN Extendido. Los tipos de trama, y estados de bus, utilizados son:

Trama de datos: la que un nodo utiliza normalmente para poner información en el bus (siempre es un "broadcast" a todos los demás nodos). Puede incluir entre 0 y 8 Bytes de información útil.

Trama de interrogación remota (en lo que sigue se denominará como *trama remota* ("remote" frame"): puede ser utilizada por un nodo para solicitar la transmisión de una trama de datos con la información asociada a un identificador dado.

El nodo que disponga de la información definida por el identificador la transmitirá en una trama de datos.

Tramas de error: usadas para señalar al resto de nodos la detección de un error, invalidando el mensaje erróneo normalmente (un caso especial es un nodo en estado de "error pasivo")

Trama de sobrecarga: permite que un nodo fuerce a los demás a alargar el *tiempo entre* transmisión de tramas sucesivas

Espaciado inter-tramas: Las tramas de datos (y de interrogación remota) se separan entre sí por una secuencia predefinida que se denomina espaciado inter-trama.

185

Bus en reposo: En los intervalos de inactividad se mantiene constantemente el nivel recesivo del bus.

En un bus CAN los nodos transmiten la información espontáneamente con tramas de datos, bien sea por un proceso cíclico o activado ante eventos en el nodo. La trama de interrogación remota sólo se suele utilizar para detección de presencia de nodos o para puesta al día de información en un nodo recién incorporado a la red. Los mensajes pueden entrar en colisión en el bus, el de identificador de mayor prioridad sobrevivirá y los demás son retransmitidos lo antes posible.

4. Formatos de Trama

4.1 Trama de Datos

Una trama de datos es generada por un nodo CAN cuando transmite información. Los campos incluidos en una trama de datos son para CAN Estándar. (Figura 2a)

Inicio de trama(SOF): El inicio de trama es un campo de un solo bit siempre dominante que indica el inicio de la transmisión. Los nodos receptores se sincronizan con el flanco de bajada de este bit.

Arbitraje: El campo de identificación está formado por el identificador de mensaje (11 bits) más el bit RTR. En una trama de datos el bit RTR es dominante. En una trama remota es recesivo. Los bits de identificador se transmiten en orden de más significativo a menos significativo.

Control: El campo de control está formado por dos bits reservados para uso futuro y cuatro bits adicionales que indican el número de bytes de datos. En realidad el primero de estos bits (IDE) se utiliza para indicar si la trama es de CAN Estándar (IDE dominante) o Extendido (IDE recesivo). El segundo bit (RB0) es siempre recesivo. Los cuatro bits de código de longitud (DLC) indican en binario el número de bytes de datos en el mensaje (0 a 8)

Datos: Es un campo formado por 0 a 8 bytes de datos, es decir 0 a 64 bits en saltos de 8. Cada byt se transmite en más significativo primero.

CRC: Código de redundancia cíclica que genera el transmisor por la división módulo 2 de todos los bits precedentes del mensaje, incluyendo los de relleno si existen, por el polinomio generador: $X_{15}+ X_{14}+ X_8+ X_7+ X_4+ X_3+ X_1+1$, el resto de esta división es el código CRC transmitido. Los receptores comprueban este código. Tras el código CRC se incluye un bit recesivo (delimitador de CRC)

Campo de reconocimiento (ACK): es un campo de dos bits que el transmisor pone como recesivos. El primero de estos bits se sobrescribe por un bit dominante de reconocimiento transmitido por los nodos que han recibido el mensaje correctamente. El bit de ACK queda así insertado entre dos bits dominantes de delimitación.

Fin de trama (EOF). Cierra la trama, consiste en 7 bits recesivos sucesivos.

Espaciado entre *tramas* (IFS). Consta de un mínimo de 3 bits recesivos.

La trama de datos de CAN Extendido se diferencia de la de CAN Estándar en que un bit dominante fijo (SRR) aparece en la posición del bit RTR de CAN Estándar, se fija el bit IDE como recesivo, siguen luego los 18 bits adicionales del identificador, el campo de control con RTR, dos bits reservados y la longitud de datos y el resto de la trama es análogo.

En un bus CAN pueden convivir nodos CAN Estándar y CAN Extendido, para ello los nodos CAN Estándar han de ser del tipo CAN 2.0B Pasivo, estos nodos reaccionan ignorando tramas CAN Extendido en lugar de señalarlas como erróneas.

Los nodos que cumplen CAN 2.0B pueden funcionar en modo Estándar o Extendido indistintamente.

Durante este trabajo se hará referencia sobre todo a CAN Estándar, en todo caso las diferencias con CAN Extendido son mínimas, excepto la posibilidad de contar con un número mucho mayor de identificadores disponibles.

4.2 Trama remota

El formato es análogo a la trama de datos pero con el bit RTR recesivo. Por otra parte una trama remota no incluye nunca datos. El identificador es el del mensaje que se solicita, el campo longitud corresponde a la longitud de ese mensaje

4.3 Trama de error

Las tramas de error son generadas por cualquier nodo que detecta un error. Consiste en dos campos: Indicador de error ("Error Flag") y Delimitador de error. El delimitador de error consta de 8 bits recesivos consecutivos y permite a los nodos reiniciar la comunicación limpiamente tras el error. El Indicador de error es distinto según el estado de error (los estados de error de nodo se describirán en páginas sucesivas) del nodo que detecta el error:

Si un nodo en estado de error "Activo" detecta un error en el bus interrumpe la comunicación del mensaje en proceso generando un "Indicador de error activo" que consiste en una secuencia de 6 bits dominantes sucesivos. Esta secuencia rompe la regla de relleno de bits y provocará la generación de tramas de error en otros nodos. Por tanto el Indicador de error puede extenderse entre 6 y 12 bits dominantes sucesivos.

Finalmente se espera el campo de limitación de error formado por los 8 bits recesivos. Entonces la comunicación se reinicia y el nodo que había sido interrumpido reintenta la transmisión del mensaje.

Si un nodo en estado de error "Pasivo" detecta un error, el nodo transmite un "Indicador de error pasivo" seguido, de nuevo, por el campo delimitador de error. El indicador de error de tipo pasivo consiste en 6 bits recesivos seguidos y, por tanto, la trama de error para un nodo pasivo es una secuencia de 14 bits recesivos. De aquí se deduce que la transmisión de una trama de error de tipo pasivo no afectará a ningún nodo en la red, excepto cuando el error es detectado por el propio nodo que está transmitiendo. En ese caso los demás nodos detectarán una violación de las reglas de relleno y transmitirán a su vez tramas de error.

Tras señalar un error por medio de la trama de error apropiada cada nodo transmite bits recesivos hasta que recibe un bit también recesivo, luego transmite 7 bits recesivos consecutivos antes de finalizar el tratamiento de error.

4.4 Espacio entre tramas

El espacio entre tramas separa una trama (de cualquier tipo) de la siguiente trama de datos o interrogación remota. El espacio entre tramas ha de constar de, al menos, 3 bits recesivos. Esta secuencia de bits se denomina "íntermission". Una vez transcurrida esta secuencia un nodo en estado de error activo puede iniciar una nueva transmisión o el bus permanecerá en reposo. Para un nodo en estado error pasivo la situación es diferente, deberá espera una secuencia adicional de 8 bits recesivos antes de poder iniciar una transmisión. De esta forma se asegura una ventaja en inicio de transmisión a los nodos en estado activo frente a los nodos en estado pasivo.

4.5 Trama de sobrecarga

Una trama de sobrecarga tiene el mismo formato que una trama de error activo. Sin embargo, la trama de sobrecarga sólo puede generarse durante el espacio entre tramas. De esta forma se diferencia de una trama de error, que sólo puede ser transmitida durante la transmisión de un mensaje. La trama de sobrecarga consta de dos campos, el Indicador de Sobrecarga, y el delimitador. El indicador de sobrecarga consta de 6 bits dominantes que pueden ser seguidos por los generados por otros nodos, dando lugar a un máximo de 12 bits dominantes.

El delimitador es de 8 bits recesivos.

Una trama de sobrecarga puede ser generada por cualquier nodo que debido a sus condiciones internas no está en condiciones de iniciar la recepción de un nuevo mensaje. De esta forma retrasa el inicio de transmisión de un nuevo mensaje. Un nodo puede generar como máximo 2 tramas de sobrecarga consecutivas para retrasar un mensaje. Otra razón para iniciar la transmisión de una trama de sobrecarga es la detección por cualquier nodo de un bit dominante en los 3 bits de "intermission".

Por todo ello una trama de sobrecarga de 5 bits generada por un nodo dará normalmente lugar a la generación de tramas de sobrecarga por los demás nodos dando lugar, como se ha indicado, a un máximo de 12 bits dominantes de indicador de sobrecarga.

4.6 Arbitraje

Un nodo transmisor monitoriza constantemente el estado del bus. Durante la transmisión del campo Arbitraje la detección de un bit dominante, cuando el bit transmitido ha sido recesivo, hace que el nodo detenga la transmisión y pase a recepción de la trama. De esta forma no hay pérdida de información y no se destruye por colisión ninguna trama de datos o remota. La especificación de Bosh admite para CAN Standard los identificadores en el rango 0x000 a 0x7EF. En dicha especificación se indica que los 7 bits más significativos no han de ser todos recesivos. Sin embargo muchos controladores admiten el rango 0x000 a 0x7FF, Un mensaje de máxima prioridad utilizará, por tanto, el identificador 0x000.

En un bus único un identificador de mensaje ha de ser asignado a un solo nodo concreto, es decir, se ha de evitar que dos nodos puedan iniciar la transmisión simultánea de mensajes con el mismo identificador y datos diferentes. La filosofía CAN es de que un mensaje es único en el sistema.

Las tramas remotas con identificador concreto que puedan ser generadas por cualquier nodo han de coincidir en cuanto al campo longitud, definiendo un mensaje como el conjunto identificador + longitud de campo de datos + semántica de estos datos, el mensaje ha de ser único en el sistema y estar asignado a un nodo concreto. Así, por ejemplo, si en un automóvil existe la variable "presión de aceite" esta variable ha de ser transmitida por un nodo concreto, con un identificador concreto, con longitud fija y consistente con la codificación de la información en el campo de datos.

5. Productos existentes

El estado del estándar alcanzado por CAN lo convierte en una tecnología habitual en la industria, y numerosas firmas fabrican y distribuyen productos compatibles con este protocolo de comunicaciones.

Entre los productos existentes se cuentan:

· Controladores CAN, que gestionan las comunicaciones a través de este protocolo. Se subdividen a su vez en:

· Módulos CAN integrados en el mismo chip del microcontrolador. Existen versiones CAN con los microcontroladores más populares del mercado.

· Controladores CAN independientes que permiten a microcontroladores no incluidos en la anterior categoría comunicarse a través del CAN.

· Tarjetas de conexión con PCs. Software y herramientas diversas de monitorización de sistemas CAN, útiles tanto en la fase de diseño y simulación como en la de test.

6. CONCLUSIONES

CAN fue concebido como un protocolo de alta seguridad. Para ello se han adoptado medidas adecuadas en cada una de las capas de protocolo: En la capa física la disponibilidad de transceptores con capacidad de funcionamiento en condiciones degradadas. Todos los mensajes transmitidos son reconocidos de forma consistente por los receptores enviando una trama con bit ACK que se transmite como recesivo. En las tramas de datos e interrogación remota se aplica la regla de relleno de bits que evita una secuencia sucesiva de más de 5 bits del mismo signo, para ello se inserta un sexto bit *de signo* contrario, el receptor ha de eliminar este bit adicional siguiendo la misma regla. Para detección de errores se incluye un código CRC con distancia Hamming 6, la tasa de error no detectado es menor que (tasa de error en mensajes)*4,7. 10-11.

Cualquier nodo que detecta un error transmite una trama que señala el error a los demás nodos, si el nodo detector es un nodo totalmente activo (no se encuentra en nivel pasivo de error) el mensaje queda invalidado para toda la red y se retransmitirá lo antes posible. El tiempo de recuperación es de ,como máximo 29 veces el tiempo de bit. Se sigue un sofisticado proceso de diagnóstico en los nodos, cuando un nodo acumula errores pasa inicialmente a una situación de funcionamiento pasivo y si la degradación continúa el nodo queda excluido de la comunicación evitando perturbar al resto de nodos de la red. Es decir el estado de un nodo puede ser:

Activo, Pasivo o Anulado. Un nodo anulado ha de deshabilitar su transceptor y no participa en la comunicación. CAN a alcanzado un nivel extraordinario de madurez e implantación, se habla se cientos de millones de nodos, los fabricantes y procesadores digitales de señal están incorporando controladores CAN de forma bastante generalizada. Lo modelos VHDL de controladores CAN se pueden incorporar en ASICs y dispositivos de lógica programable (FPGAs). CAN resulta una opción a tener en cuenta en sistemas distribuidos de tiempo real.

BIBLIOGRAFIA:

[1] Tindell K, "Calculating CAN response times", University of York, England 1995.

[2] Mc Farlane Andy, "Tutorial: Fieldbus review", Sensor Review, Vol 17, Num 3, 1997.

[3] Sirgo J.A., "Redes locales en entornos industriales: Buses de campo", Universidad de Oviedo, 1997.

[4] Quezada J., "Bus CAN: Estado de buses industriales y aplicaciones" Escuela Técnica Superior de Ingenieros Industriales", 1999.

[5] Fieldbus Organization.

[6] Página de la Bosh dedicada a CAN.

[7] KingDom CAN apllications.

Conclusiones Técnicas del Variador.

El futuro de los variadores de velocidad, estará caracterizado por:

La notoria baja de las instalaciones de motores de corriente continua y el ascenso en neta superioridad de los variadores para motores A.C asincrónicos a jaula de ardilla y motores IP, para instalaciones de precisión y altas velocidades de ascensores.

Los variadores a lazo abierto serán la constante de utilización para instalaciones pequeñas, mientras que los accionamientos a lazo cerrado, serán indispensables por su estructura y concepción a la confiabilidad, en instalaciones de mediana y alta complejidad.

Asimismo tendrán que ser más sencillos para manipular las configuraciones de parámetros y puesta en marcha.

Las aplicaciones técnicas como Redes Neuronales Artificiales y Algoritmos Genéticos, irán en aumento.

Procesadores como los DSPs, (Procesador Digital de Señal) creado para permitir y manipular transmisiones de datos a alta velocidad, estarán insertos en todos los variadores de 3º y 4º generación.

Si de futuro se trata.

En el año 2030, los ascensores serán fabricados con una tecnología artificial extraordinaria que nos permitirá con solo entrar al edificio, ordenar el piso a donde querramos ir.   *

Esto será realizado por captores de señales del cerebro humano que estarán esparcidas por todo el edificio y que nos permitirá con solo pensar en el piso que vamos a subir, lo que ya el ordenador de la gran memoria virtual flash, lo acumulará en el ordenador de la placa y el ascensor conociendo su posicionamiento actual, irá a recoger al pasajero y lo elevará al piso que ordenó.

Como será esto ?, pues bien wi -fí (de cuyas siglas en inglés significa Wireless Fidelty) actuará como espectro secuencial) dentro de toda la zona, y el pensamiento humano enviará la orden por medio de sistemas inalámbricos de datos y los almacenará en la memoria temporal del control de mando para así mover al ascensor.

Para no entrecruzar datos de 2 ó más pasajeros, el espectro secuencial actuará también como un multiplexsor, es decir que por más que se realicen varías ordenes al mismo tiempo, el espectro la irá ordenando con milésimas de segundo de tiempo y espacio, pero todas a su vez serán registradas.

En cuanto a las balanzas de capacidad máxima de los coches, el sistema será a través de un sensor infrarrojo ubicado en el centro del cielo razo de la cabina, en donde éste medirá no solo el calor emitido por el cuerpo humano a razón de 36,5 grados por persona por lo que acumulará también a medida que la cabina se va ocupando, la sumatoría del calor humano existente.

De ésta forma el porcentaje de calor humano reinante en la cabina, pondrá en marcha a través de redes de mensajes de datos enviados al control, que poderosos IGBTs (del inglés Insulated Gate Bipolar Transistor) asuman la potencia necesaria en la partida y desarrollen hasta 16 velocidades con 8 u 12 cuadrantes de suministro de frecuencia y amplitud variable o suministro constante de voltaje.

Las máquinas de futuro serán todas de tracción directa gearless (sin engranajes), pero la nueva tecnología, permitirá que estén equipadas con pequeños motores servos que ajustarán en forma automática las presiones calculadas sobre las zapatas del freno.

También estarán equipadas con sistema láser que censará en tiempo real, el desgaste de las gargantas de la polea de tracción, información que acumulará en la memoria del equipo para su chequeo de seguridad.

El programa del control electrónico permitirá que una cámara de seguridad ubicada en la cabina, capture vandalismo, ataques terroristas ó cualquier evento anormal del comportamiento humano, quedando las imágenes en la memoria del control y en donde sólo se podrá acceder por protocolos de seguridad tcp/íp ó protocolos superiores de la época, contando además con salida satelital encriptada para supervisión desde una vigilancia civil o militar.

El programa del super control electrónico contará también con un cleanser(limpiador) que en el momento de menor tráfico del edificio y mediante hora programada en el reloj, se coloque en posición auto- test y envíe mensajes de datos a todas las funciones, chequeando y barriendo cualquier virus ó función incorrecta, volviendo una vez finalizado el sensado, al sistema normal de auto-run.

En el campo mecánico, los superguiadores a rodillos, contarán con sensores estroboscópicos ubicados en sus ruedas, que medirán aparte de la deformación del compuesto por el uso, la velocidad de la cabina como medida adicional de seguridad independiente de las instalaciones mecánicas de actuado y encoder del drive.

En caso de caída libre de la cabina habrá un sistema del tipo Mattress (colchón) magnético en donde poderosos imanes colocados entre el bajo piso del ascensor y el bajo recorrido, actuarán en forma de detención suspendida, por simple repulsión de 2 polos iguales.

En cuanto a los cables de sustentación, todo el recorrido será visualizado por sistema de rayos x, pudiendo observar luego en el monitor del controlador y a diferentes velocidades, factores de giro, elongación, desgaste, brillantez, espinaduras internas y externas de los alambres que forman el cabo.

copyright by Carlos Tedesco.

30-1-2010 .

El Centro de Investigación, Desarrollo, Innovación y Diseño de Ingeniería (CIDIDI).

El CIDIDI, es un espacio de interrelación activa.

La Universidad, está para aportarle al Gobierno proyectos a corto, mediano y largo plazo.

Si bien el CIDIDI, está más orientado a lo metal mecánico y metalúrgico, y a generar industria, no está cerrado a otros temas. Modelar el tránsito de la Ciudad, canalizar la disminución de la contaminación a partir de la investigación de motores que utilicen otras fuentes energéticas no contaminadas de la atmósfera y del ruido ambiental, reutilización de desechos ambientales como fuente energética, potabilización de aguas contaminadas con uso de la energías solar.

Proyectos de nuevas vías férreas, como el de Santa Fé - Córdoba para comunicar zonas de mucha productividad con centros de consumo, etc.

Sabemos que hay tecnologías que hoy no se están aplicando porque son más costosas, pero tenemos que analizar la factibilidad técnica y cual es la factibilidad económica y decidir cual serían las variables que se podrían mejorar en lo técnico como en lo económico a futuro para que eso sea factible y se utilice en la ciudad.

De ésta manera se aporta políticas de Estado y por eso es fundamental que existan entidades como el CIDIDI.

En uno de los párrafos que la SRA Nora Kamiñetzky, Secretaria de redacción de " La Revista del Ascensor", en su número 97 y de la cual tengo el privilegio de ser uno de los colaboradores técnicos, le realiza al Dr. Ing. Fernando Audívert, del cual trascribimos en forma original, le pregunta al Dr. Ing Audivert sobre que actitud ha tenido la gente del sector con respecto a la posibilidad que les ofrece el CIDIDI, el Dr. Ing. Audivert opina que hay gente que comprende la importancia de desarrollarse, mientras que otros no lo ven.

"Creo que hay que seguir adelante y lamentablemente dejar de lado a quién no lo ve, porque si uno quiere subir a todos al barco no sale nunca".

El Dr Ing Fernando Audívert, es Ingeniero Mecánico y Doctor en Ingeniería de la UBA.

Ha realizado su trabajo de tesis en España y Post Doctorado en las Universidad de Oxford del Reino Unido.

Es Investigador del CONICET y Académico Visitante de la Universidad de Oxford, entre otras distinciones.

Desde este humilde espacio, el autor comparte y desea al CIDIDI, y a su Director el Dr Ing Fernado Audívert, todos los éxitos en Gestión, Planeamiento e Investigación, como así también a los excelentes investigadores del CONICET, del que ya, como es mi pensamiento abierto sobre que nuestro querido país, debe estar a la altura del resto del mundo, en concepción y fabricación de tecnología de última generación, lo que ayudará al desarrollo de nuestra Nación, creando además mano de obra de excelencia y que por consiguiente se abrirán nuevas fuente de trabajo, ya que tenemos excelentes científicos y profesionales que son reconocidos a nivel mundial, lo que debe escapar a cualquier pensamiento o interés de turno.

Carlos F Tedesco.

Proyectos e Innovaciones para Ascensores:

Todos lo que trabajamos en ascensores, sabemos que una parte crítica de seguridad, es cuando el ascensor rebasa las medidas de nivelado, principalmente en su sobre recorrido inferior.

Cuando el ascensor supera los 75 m.p.m, la posibilidad que a cabina llena, produzca el peligroso efecto de "hongo", puede ser muy factible.

Es decir que hemos tenido conocimiento que en muchas oportunidades el resorte colocado en el bajo recorrido, debido a la carga y velocidad alta del ascensor por la falla que no entra en baja velocidad a tiempo, ha deformado al bastidor y este a su vez por el gran impacto recibido, deforman la plataforma o piso del ascensor, con el consabido riesgo físico humano.

Una alternativa eficaz, sería la fabricación de los bastidores que en su parte inferior su diseño sea como una H, es decir que aparte del resorte reglamentario colocado a centro del bastidor inferior, se agregarían cuatro resortes perimetrales en donde el fuerte impacto producido, liberaría al resorte del centro como única alternativa amortiguada y entonces la energía de caída, sería disipada por resortes esquinados, equilibrando así, la fuerza dinámica de choque.

Cada "esquina" del nuevo bastidor, sería reforzada con un ángulo diagonal, abulonados en forma calculada a los largueros verticales del bastidor, ofreciendo así mayor rigidez y seguridad ante las posibles deformaciones.

Los obstáculos serían casi nulos, ya que los cables de comando como la polea tensora del cable regulador o la rampa fija de los límites no variarían de su posición de plano, aclarando que este proyecto, no podría ser posible con instalaciones con guías en "diagonal"

Por supuesto que la teoría, suena bien, pero con realizar un ensayo de prueba, y dar resultados positivos, sería un avance importante para la seguridad del pasajero y cargas delicadas. by Carlos F. Tedesco

Sistema de detención en ascensores por motores lineales e imanes permanentes. (Levitación Magnética)

La levitación magnética, el fenómeno por la cual puede literalmente, levitar gracias a la repulsión existente entre los polos iguales de dos imanes ó bien debido al efecto Meissner, propiedad inherente a los Superconductores.

La Superconductividad es una características de algunos compuestos, los cuales por debajo de una cierta temperatura crítica, no oponen resistencia al paso de la corriente, es decir que son materiales que pueden alcanzar una resistencia nula.

En estas condiciones de temperatura no solamente pueden transportar energía eléctrica sin ningún tipo de pérdidas sino que además poseen la propiedad de rechazar las líneas de un campo magnético aplicado.

Se denomina efecto Meissner a ésta capacidad de los superconductores de rechazar un campo magnético que intente penetrar en su interior, de manera que si acercamos un imán a un superconductor, se genera una fuerza magnética de repulsión la cual es capaz de contrarrestar el peso del imán produciendo así la Levitación Magnética.

El uso hoy en día más extendido de este fenómeno, se da en los trenes de levitación magnética.

Un tren de levitación magnética es un vehículo que utiliza las ondas magnéticas para suspenderse por encima del carril, en donde levitan desde 1 cm a 15 cm y además impulsarse, por el carril guía.

(Hasta aquí textos de DR Gabriel Perren)

Aplicación en Elevadores de la Levitación Magnética.

Porqué no entonces, aditar un método electrónico de paracaídas por caída libre del ascensor, junto al ya tradicional mecánico, en donde por medios de motores lineales e imanes permanentes, y logrando que invirtiendo la polaridad de la corriente trifásica del motor lineal, ubicado fijo en el pasadizo, cree una fuerza de repulsión capaz de detener al ascensor por los imanes permanentes ubicados en el coche.

Esta inversión del motor lineal de C.A, tiene que ser controlada por variador de velocidad mediante, puesto que el equipo debe de enviar el flujo de energía necesaria según la velocidad calculada en caída libre, ya que puede detenerlo mediante desaceleraciones de 3,5 m/s2 ó la velocidad según carga, programada en el variador.

Si este maravilloso sistema, puede detener a un tren con levitación magnética que va en el "aire" desarrollando velocidades de 500 KM/h y lo puede detener en emergencia, creo que perfectamente puede parar un ascensor en caída libre, siendo un avance impredecible para la seguridad del pasajero y un logro extraordinario para el avance tecnológico en el concepto del transporte vertical.

Texto e idea® by Carlos F Tedesco

Bibliografías

Elinsur S.A.
JYE.
Revista del Ascensor.
Saegs Controls.
Automac S.A.
Siemens S.A.
Elcis.
Jaxen Electronics.
Avaxon Justo S.A.
Siselco.SRL.
JBC Electronics.
H.Trimarchi S.R.L
Magnetic Transportation for the 21 st Century (DR Jhonatan Jacobs).
CF Control.
Saitek.
QLD S.A
WEG Electronics.
Firesking S.A
Ing Fernando Ventura Gutierrez.
Universidad de Santiago de Chile (Dto Ingeniería) por Dr Ing Hector Kraschel e Ing Ernesto Pinto.
Ing de la UBA Mario Carlos Ginzburg.
El legendario "Ascensores y Escaleras Mecánicas"
Universidad de Santiago de Chile.

Capacitación

El Señor Carlos F. Tedesco, autor de ésta obra, capacita sobre Conservación y Service de Ascensores todo el año. Cursos nacionales e internacionales.

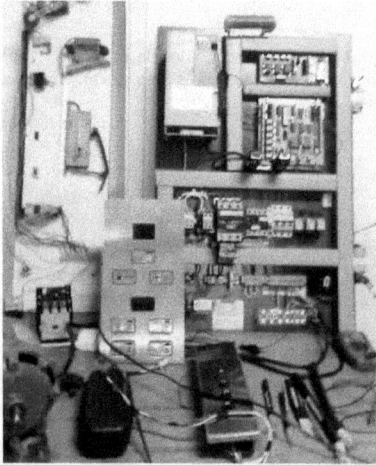

Sala de capacitación, con controlador electrónico y electro-mecánico reales, variador de velocidad escalar, proyección de videos técnicos y tecnofotos en power point, simulador de ascensor a escala, tratamiento del limitador de velocidad con tacómetro óptico, guiadores, sistemas de compensación, mantenimiento y detección de problemas en motores de tracción, cadena de seguridad, manipulación correcta de los componentes, cálculos de magnitudes eléctricas y mecánicas, estudio de diversas fallas,etc.

En caso de querer contactarse por este u otro motivo, rogamos escribir a los siguientes e-mails:

tecnomaq1012@yahoo.com.ar

cursosdeascensores@yahoo.com.ar

Muchas Gracias.

Publicado por
Librería y Editorial Alsina
www.lealsina.com

Esta edición se terminó de imprimir en el mes de Septiembre de 2010
en Bibliografika de Voros S. A. Bucarelli 1160 Buenos Aires.
www.bibliografika.com

www.ingramcontent.com/pod-product-compliance
Lightning Source LLC
Chambersburg PA
CBHW070913270326
41927CB00011B/2552